外国人写作中国计划

五城记
一个英国人的中国梦

Kerry Brown

［英］凯瑞·布朗 著

钱坤强 纪 场 译

中国出版集团
中译出版社

图书在版编目（CIP）数据

五城记：一个英国人的中国梦 /（英）凯瑞·布朗（Kerry Brown）著；钱坤强，纪旸译．—北京：中译出版社，2020.2
 ISBN 978-7-5001-6098-4

Ⅰ.①五⋯ Ⅱ.①凯⋯②钱⋯ Ⅲ.①凯瑞·布朗—自传 Ⅳ.① K835.615.81

中国版本图书馆 CIP 数据核字（2017）第 272698 号

出版发行 / 中译出版社
地　　址 / 北京市西城区车公庄大街甲 4 号物华大厦 6 层
电　　话 /（010）68005858，68358224（编辑部）
传　　真 /（010）68357870
邮　　编 / 100044
电子邮箱 / book@ctph.com.cn
网　　址 / http://www.ctph.com.cn

出 版 人 / 张高里
策划编辑 / 刘永淳　范　伟
责任编辑 / 范　伟　吕百灵
封面设计 / 柒拾叁号工作室

排　　版 / 北京竹页文化传媒有限公司
印　　刷 / 北京顶佳世纪印刷有限公司
经　　销 / 新华书店

规　　格 / 880 毫米 ×1230 毫米　1/32
印　　张 / 6.875
字　　数 / 130 千字
版　　次 / 2020 年 2 月第一版
印　　次 / 2020 年 2 月第一次

ISBN 978-7-5001-6098-4　定价：**69.00** 元

版权所有　侵权必究
中 译 出 版 社

半岁照

出生地——英国肯特郡

英国坎特伯雷周边的村庄

1988年在剑桥

1995年在呼和浩特内蒙古医学院

2000年在北朝鲜平壤

2019年在北京

在北京小学和学生们探讨书法

十九大期间的央视报道

在希腊参加TED演讲

2017年，与英国女王的私人秘书和英国伦敦国王学院总裁

《中国时报》关于中英关系的采访报道

目　录

引言 /2

第一章　呼和浩特 /34

第二章　北京 /74

第三章　上海 /122

第四章　西安 /154

第五章　香港 /176

结束语　感官帝国 /198

引言

20世纪60年代后期,我出生在英国东南部肯特郡的乡村。肯特以其丰富的历史内涵闻名遐迩,自两千多年前古罗马时代起,它一直是沿海地区及多佛港、福克斯通港,取道当时业已建成的伦敦市,去往不列颠北部地区的必经之地。肯特的面积不大(不足四千平方公里,仅比上海城区大五倍),直到8世纪前,它一直作为独立王国存在。后来,肯特被并入一些更大的王国。然而,肯特的人文底蕴却极为厚重。在英国的所有地区中,肯特或许拥有最丰富多姿的文学史。乔叟(Geoffrey Chaucer),作为14世纪最早的英语诗人,常常到访肯特,来履行他作为政府官员的职责(诸如收税以及间谍刺探);狄更斯(Dickens),作为英国最伟大的小说家之一,19世纪早期在此度过了他很长一段童年岁月,成年后则居住在西部乡村,直至他1870年离开人世。创作了詹姆斯·邦德《007》间谍小说的伊恩·弗莱明(Ian Fleming)在肯特拥有一座乡间寓所,在此逗留期间完成了其中几部惊悚作品。1921年,诗人艾略特(T. S. Eliot)枯坐在马盖特海边的一座海滩小屋内,在经历了一场精神崩溃之后,思索着自己的未来，写下了其最有影响力的诗作《荒原》的某些片段。举世闻名的《星际战争》的作者赫伯特·乔治·威尔斯(H. G. Wells)曾客居南部滨海小镇福克斯通，而伟大的电影导演德里克·贾曼(Derek Jarman)则在邓杰内斯置有一栋带有小巧但又十分别致花园的别墅。或许，在所有这些文人墨客中，最卓尔不凡的当属出生于波兰的水手约瑟夫·康拉德(Joseph Conrad)，在其后半生，他以坎特伯雷周边的村庄为家，在此用其第三语言创作了被誉为20世纪最伟大中篇小说之一的《黑暗的心》，他为该作品设定的背景是一艘停泊在格雷夫森德港口的船。肯特甚至还是英国战时领袖、诺贝尔文学奖得主温斯顿·丘吉尔(Winston Churchill)家乡的所在地。

我在肯特接受了中小学教育，依循的是国家公立教育体制——先是小学，之后是文法学校。借由这些教育，我得以就读于剑桥大学，先修哲学，后习英国文学。这段时期，我的兴趣皆囿于西方传统之内。希腊哲学，诸如洛克(Locke)和霍布斯(Hobbes)等英国思想家，以及诸如维特根斯坦(Wittgenstein)

和康德(Kant)等欧洲思想家,凡此一切,构成了此类教育的主体部分。相较于英国经验主义哲学,欧洲大陆上的唯心主义哲学则被视作一种异国他乡的反传统。我所被引导进入的这个学术天地,始于西方经典,也终于西方经典;能用法语或德语进行阅读与思考,即被视为异乎寻常,而对俄罗斯语言与文学能有一知半解,则更会被视作拥有了一种格格不入的"东方的"和"异国的"情调。

后来,我逐渐熟悉了像巴勒斯坦裔美国作家爱德华·萨义德(Edward Said)一派人物所提出的论点,将欧洲传统描述为过于"自恋",并批评该传统是如何将欧洲传统这一文化范畴之外的一切全部纳入一个庞大的研究领域,将该领域含混地且毫无助益地统称为"东方学"。无论是在中小学,还是大学期间,这个庞大的术语所涵盖的所有地方,对我而言既一无所知,亦一概不知。我头脑中最早的与中国有丝毫关联的记忆,是当时电视上播放有关于中国领导人毛泽东去世的消息。十年之后,我弄到了一本由法国学者雅克·格奈特(Jacques Gernet)所撰写的关于中国文明的大部头著作,我尽力加以研习。但我发现,该书所涉及的时间轴以及对历史的叙述,似乎均无法与我所熟悉的欧洲的时间轴及历史叙述形成任何关联。在欧洲传统中,一长串又一长串的统治欧洲国家的国王和女王,以及不同的皇帝与女皇,能给我提供一个架构,借此把握历史的演进。但中国的朝代极为纷繁复杂,历史更为久远,各朝代的名称甚为陌生,而关于这些朝代的历史所涉及的，似乎是一种全然不同于欧洲的时间感与叙事，在这种历史叙述中，中国与欧洲除了在13世纪和14世纪的元朝以及近代有所交集之外，历史事件虽彼此平行发生，但彼此间没有丝毫的关联。

在我的学校图书馆，唯一与中国相关的书籍是一本孔子《论语》的平装版。但对于一个十五岁的学生来说，阅读那样一种书籍实在令人大惑不解。我无法在其中找到任何形而上学思想，也没有任何直接明了的论据，但在大致同一历史时期柏拉图（Plato）所写的《理想国》（Republic）中，这些却应有尽有。《论语》里神秘晦涩的只言片语，恍如天书。电视上，中国只是一个被零星关注的题材，有一些纪录片，新闻中偶尔也会报道在邓小平领导下正在进行着的改革开放。但除此之外，中国显得极为遥远，隐匿在它举世闻名的长城背后。关于长城，我当时得到的信息是，这一物体从月球上也清晰可见（当然，现在众所周知，这只是一种错误的传言）。

当时，英国的华裔主要有两类，一类是以移民身份来到英国的人，另一类主要是来自中国香港或广东早期移民的子女或后裔。像伦敦和曼彻斯特这样的城市，有唐人街，还有中国餐馆——不过，必须重申的是，这些场所都充满了英国情调，据我后来发现，它们所提供的食物，为迎合英国人的口味，已作了重大调整。虽然如此，在这为数不多的几个地方，我却能读到汉字——那些充满了神秘色彩的旋涡状图形，完全不同于罗马字母；我还能欣赏到中国艺术，出现在卷轴或水彩画上，与我所熟悉的大多数西方艺术风格迥然有别。在我就读过的任何一所学校里，很少有华裔或亚裔学生。事实上，与我深谈过的第一个与我年龄相仿的华裔人士，是一位来自新加坡就读于剑桥大学的学生。一个简单的事实是，在20世纪80年代甚至90年代，中国游客和中国学生在英国几乎不见踪影。

我第一次接触中国文学作品是阅读了出自美国诗人埃兹拉·庞德(Ezra Pound)之手的《诗经》。庞德通过20世纪初一位亚洲文化(特别是日本文化)学者欧内斯特·芬诺列萨(Ernest Fenollosa)，熟悉了一些译成英语的唐诗宋词，并且在并不完全理解所使用的汉字意义的情况下，把它们融合到他自己那部史诗般诗篇的后半部分。这些汉字出现在书页上，夹在他用英语、意大利语、法语或拉丁语写成的其他字里行间，显得神秘、生硬，几乎与它们周围的文本断无关联。庞德在他的文本和翻译中，确实采用古老的威妥玛-翟理斯(Wade Giles)拼音法，附上了音译，来解释他所使用的汉字。他还专门辟出一个章节，用诗歌的体裁对中国一些朝代的兴衰交替进行了叙述。但是，在这首诗中，他以这种方式来处理汉字，所追求的效果主要是强化这样一种意识，即中国、汉语、中国历史和中国文化，与西方大相径庭——两者存在着天壤之别，以至于几乎是不可知的。我由此得出结论，中国极为复杂，难以知晓。

就我个人经历而言，要让汉语不仅可知，而且易懂，纯属无心插柳,而非有意为之。我不是一个出色的语言习得者。十八岁时,我在巴黎待了两个月之后,我的法语就算勉强过关,无论是当时还是现在,阅读能力尚且不错。我学过德语,但两年后就几乎全部还给了老师,而我自学拉丁语和希腊语的尝试,也几乎一筹莫展。倘若我要在1986年去任何一所大学攻读汉语的话,那我可能永远都不会被录取。在所有语言中,汉语被归入"最难学习"的类别。这意味着,只有那些在学习语言方面已被证明有着特别禀赋的人,才能通过正规的课程来学习它。在剑桥大学,东方研究是一个带有神秘色彩、极为小众的研究领域——我在剑桥大学的全部时间里,在这门课上只遇到过一个同专业学生!这个学科似乎专业性极强,而那些攻读它的人像是隐身人似的。这一切强化了我以前所得到的信息,那就是该学科是专为那些最冥顽不灵、心无旁骛、专心致志的学者而设。中国研究与汉学,只有精英中的精英堪当,他们心怀深刻的使命召唤,因而,这一学科常常显得像是一种排他性的宗教崇拜。

20世纪80年代中期,《汽车大铁》一书给我留下了最为深刻的印象,它是1981年诺贝尔文学奖获得者埃利亚斯·卡内蒂(Elias Canetti)的作品。书中最核心的人物,彼得·克莱因(Peter Klein)集中体现着一个汉学家的刻板印象。20世纪30年代,克莱因居住在被纳粹党接管之前和接管期间的维也纳,他的生活极度自律,全身心奉献于学术。小说的开头,是他和一个小男孩的对话,在对话中他解释一个汉字的含义。但随着故事情节的展开,他的生活变得越发复杂,日趋黯淡。在此前的几年里,他只与家里的帮佣维持着定期的接触,两人后陷入灾难性的婚姻。她被证明占有欲极强,贪得无厌且甚为残酷。出现在他生命中的另一个人,是一个邪恶阴险的侏儒,而他的整个故事愈演愈烈,失去控制,最终导致他的死亡,他那本来井然有序、按部就班的生活也毁灭殆尽。

《汽车大铁》这部作品充满了令人叹为观止的独创性和奇特力量。作品以近乎半幻想的方式写成,而对于虚构的主人公克莱因而言,其职业选择令人甚感困惑。为什么作者卡内蒂决定让他成为一位汉学家,而不是一个古典主义者,或者科学家,或者文学专家。部分原因肯定是这一领域比之于其他所有领域,能赋予他一定程度的"另类"色彩,并赋予他一种神秘感。正如庞德在其作品中对汉字的使用那样,所要达到的效果也大抵如此。这两个人中,没有一个人深谙汉语,也正因为如此,没有一个人有过在中国生活的切身经历。在这一时期,真正在中国这个国家居住过较长一段时间的一位西方人士当属诗人威廉·燕卜荪(William Empson)。非常能说明问题的是,他所创作的作品,鲜有连篇累牍地提及他在20世纪30年代和40年代客居了整整十年时间的中国。或许,正是因为他对中国的熟悉了解,消除了他把中国当作"异域"的所有诱惑。虽然他不失为一个造诣极高的文人,但他在那里的时候,似乎没有研究或学过多少汉语。

对于我日后所追求的汉学家这一职业生涯而言,克莱因可谓是一个十分糟糕的榜样。因此，在我大学生涯行将结束之际，我对自己所经历过的英国教育，最好的评价充其量也就是，它在诸多方面相当优秀，且范围广泛，但对于占了全人类五分之一人口的民族及其文化、历史和语言而言，英国教育所赋予我的知识却极为零碎、肤浅。在某些方面，情况甚至比这更糟。此外，对于亚洲的概况，我也无甚接触，知之寥寥。随着我年岁渐长，这种情况变得越发不正常，时至今日，这也是我颇费思忖的人生困惑之一，力图予以弥补。一个受到过良好教育的人，为何在某些关键性的领域竟然一无所知呢？查尔斯·佩尔西·斯诺 (C. P. Snow)，一位科学家和学者，在 20 世纪 60 年代曾对"两种文化"问题满腹牢骚，一种是由自然科学界及物理学或生物学界所构成的文化，另一种是由文学和人文科学界所构成的文化。他的这番论述却在 20 世纪 70 年代遭到了批评家弗兰克·雷蒙德·利维斯 (F. R. Leavis) 言辞激烈的冷嘲热讽。在利维斯看来，世界上仅有一种文化，以及这种文化的不同表现形态，所谓科学、人文学科及其他思想形式，均是这种文化的不同组成部分。[1] 然而，我所能说的是，我在教育方面的成长经历使我意识到了一种类似的"两种文化"，也就是东方文化与西方文化之间彼此隔绝的情形。这一巨大的鸿沟究竟如何才能得以弥合，这便是本书所要叙述的故事主旨所在。

---

[1] 弗兰克·雷蒙德·利维斯：《我的剑也不会：论多元主义、同情及社会希望》，伦敦：查托＆温都斯书局，1971。

直到1978年，中国相较于其他国家尤其不为外部世界所认知，关于这一点人们可以给出多种多样的原因。在一个既缺乏即时电子通信亦无大规模便捷航空旅行的时代，出于一个极为实际的原因，即地理距离，使中国与英国相隔遥远，常令人难以抵达对方国度。① 除此之外，还存在着两国间冷若冰霜的政治关系，这种关系一直持续到20世纪70年代，在两国的首都甚至还没能设立大使馆，只有几座公使馆。随着中国与美国在1972年建交，所有这些障碍均不复存在，这意味着英国得以升级它与中国的关系，就在当年赋予公使馆以大使馆的地位。最后，在很大程度上，中英两国缺乏真正意义上的商业往来。中国只是一个发展中国家，经济体量小，这大多依赖诸多初级产业及农业，中国难以拥有与外界的物流及交往的能力，无法像美国或者澳大利亚那样，能在其他国家民众的生活中占有一席之地。在这些因素之外，还有一个就是语言问题。中英两国民众说的不是同一种语言。即使不存在上述障碍，中英两国的民众，能够进行顺畅沟通交流的人，恐怕也寥寥无几。

进入21世纪的第二个十年期，这一切已经彻底发生了改变。2018年，有多达11万名中国留学生在英国学习。中国已然成为英国、欧洲其他诸国以及全世界的投资国与贸易国，其规模与方式已远非1978年前的情形所能比拟。2017年，

---

① 比如，当法国哲学家西蒙娜·德·波伏娃20世纪60年代前往中国参观访问时，曾经五次换乘飞机。在那个时代，这种情形司空见惯。

有多达一亿两千万中国民众出境旅行，该数字有望在今后以每年两千万的数量递增。中文标识出现在各种店铺的门面上，在机场热情地问候远道而来的中国游客，甚至出现在欧洲最偏僻地区的手机广告中。倘若你生活在西方，一旦你对中国及其文化与历史产生兴趣，你大可不必费力去寻找中国；无疑，她会款款而来，把你逮个正着。但是，虽然事情已经发生了翻天覆地的变化，我还是担心西方的学生和年轻人即使在美国、欧洲及其他地区完成了学业，仍会像三十年前的我一样，在毕业之际依然对中国的认知支离破碎，一知半解。

　　我最终投入时间和精力去弄懂中国并学习中文是纯属偶然的，没有任何事先的谋划。我大学的一位老师曾在苏州待过一段时间，他建议我不妨去中国看看。但我一直毫无作为，直到我于1990年去日本工作一年，利用日本著名的"黄金周"假期，在1991年5月坐飞机从大阪出发，经短途飞行到达上海，然后北上至北京。当时，作为身在北京的一位游客，一句普通话都不会说，一切实属不易。我下榻的酒店叫城市酒店（现在已不复存在），靠近三里屯和工人体育场。即使当时地铁只有两条线路，但我还是心生害怕，不敢坐地铁出行。要吃饭的话，我只敢去有英文菜谱的饭馆。每天，我步行二三英里，顶着炎热的大太阳，来到友谊商店，然后再去往北京饭店。我曾一度尝试去游览长城，我先是来到了当时位于城南的一座小火车站，向售票员出示一片纸，上面写着一个字"Wall"（墙）。毋庸赘言，她根本弄不懂我想要询问的是什么。至少在这一次的北京之旅中，我绝无机会去欣赏那伟大的景观。

至少，到那时为止，我已掌握了一定程度的中文书面语。在日本中部的长滨市，我一直在学习日本汉字，即日语中从汉语借用的字词，并设法记住了约五百个字。但这些字大多为繁体字而非简体字，这意味着当我在北京试图去读菜谱或街头的各种招牌标识，我大概只能认出一半的字来。在北京的七天时光可谓度日如年，但这次经历也构筑起了某种纽带关系。中国带给我一种全然出乎意料的感受，既大不相同，却又十分熟悉。中国"无法为人所知"、极度神秘莫测以及无法让人理解的观念开始遭到严重的挑战。生活在中国这块土地上的芸芸众生，与我所来自的地方相差无几，人们努力地过好属于他们的日子，每天忙忙碌碌地操持着各自的事务，与我家乡的情形甚为相似。我自1991年离开日本后，在澳大利亚的墨尔本逗留了六个月的时间，这段经历再度强化了我的想法，即对于中国以及中文，我有能力并且也应该去增加对它们的了解。

尽管墨尔本与中国相距遥远，但它仍不失为一个不错的场所，至少为我试图学习中文创造了一个良好的开端。在位于市中心地带的唐人街有一家很棒的书店，里面有很多中文学习材料。在这里，中国给人的存在感要远胜于伦敦给人的那种感觉。这里有更多的中餐馆，更多的中国裔人口，最为重要的是，还有一定数量的非中国裔人士，他们掌握了"普通话"。因此，我意识到，一种语言虽然不一定是某个人文化与家庭背景中固有的一部分，但将它学好无疑是一件既可望亦可即的事情。对我而言，最大的励志源泉来自当时与我合租公寓的那个人，此人名为安德鲁·比尔(Andrew Beale)，一位土生土长的澳大利亚人，但他很好地掌握了汉语，水平达到娴熟流利的地步，在当地的一所中学担任汉语老师。我十分欣慰，时至今日，几乎经过了三十年的光阴荏苒，他依然是我的一个挚友。

每天，我都努力背诵熟记几个汉字。我当时就职于一家专门接待日本游客的免税商店，那几年中，日本游客人数众多。他们往往以庞大旅行团的方式成群结队蜂拥而至，一批又一批地到来，然后又离去，上一个团与下一个团之间会留下一段较长的、不算忙碌的空隙时间。这期间，我会在店内来回走动，手里拿着一本拍纸簿，让经理以为我在忙着清点或检查货品，但实际上我是在默写我背下的汉字。总体而言，我的词汇量达到了七八百个之多，甚至还能用中文写下粗糙的日记。我试图在晚间学习汉语，并在乘电车上下班的途中也不失时机地学上一点。但问题是，虽然我能很好地弄懂汉语的语法（我甚为欣喜地发现，与充斥着阴性阳性变化的德语和充斥着词尾变化的拉丁语相比，汉语是何等地似曾相识），但要我口头说出哪怕是最简单的中文句子，则绝无可能。

回到英国后，我发现只有一门实用的、学制为一年的汉语研究生课程。这时，我再度遇到了要在英国的教育体制中学习中文是多么难的问题。利兹大学（Leeds University）及伦敦大学（University of London）的亚非学院（School of Oriental and Africa Studies, SOAS）均开设有硕士课程，但专门用于学习汉语的时间甚为有限。我打探过的绝大多数地方，所给出的答复是，我要么聘请私人家教学习汉语，这将意味着一笔极其高昂的开销；要么去完成一个完整的本科学位，耗时四年之久。只有一所叫作泰晤士河谷大学（在那些原本更侧重于职业培训的机构完成办学升级之前，该校的名称为伊林理工学院）的学校能提供相对不算昂贵且甚为实用的汉语课程。在当时，如果没有大不列颠中国中心（Great Britain China Centre）所提供的奖学金，要完成一个学位课程的学习，将是难之又难。

因此，我真正开始聚精会神学习汉语的记忆，与我在本书中提及的北京、上海等几个地方的生活无甚关系。相反，是在位于伦敦西区靠近艾克顿镇地铁旁的一间逼仄的起居兼卧室两用的房间内，从1993年一直持续到1994年，手头放着一本字典，用来研读中文段落，阅读中文小说和报纸，与大约六个人结成对子进行中文口语的交流。有时，整天下来，要投入十个小时的时间学习中文。在八个月的时间中，我每天都做着此事，在离中国数千英里之遥的一个城市里，竭尽全力在我的周围营造出一个有关中国的小天地。如果我光顾书店购书的话，我所购之书全部是关于中国的。如果我光顾电影院看电影的话，我所看的电影是当时放映的为数不多的几部中文电影。每天，我尽量去中餐馆吃饭，只要能帮助我增加对中国的了解,对任何知识我都如饥似渴。即使我造访二手书店时,我都会徜徉在一排排书架之间,努力寻找任何相关的书籍,其中有些书已有一个世纪的年头,内容与中国相涉。

这一经历几乎可以被称为我人生中的第二次教育。我开始知晓某些著名人物的名字,例如曹雪芹,他是杰出的清代小说《红楼梦》(又名《石头记》)的作者,还有历史人物司马迁,即几乎二千年前的汉代太史令。我也逐渐了解到,孙子是活跃于战国时期前后的诸子百家思想家之一,比西方基督诞生的时代还早了四个世纪,与孟子、韩非子、墨子等人并驾齐驱,探索人生,著书立说,勤于思考。我第一次听说了鲁迅,他是20世纪早期中国最伟大的作家;我还了解到一些重大事件,像发生在1919年的五四运动,以及始于1937年的抗日战争。我阅读了埃德加·斯诺(Edgar Snow)所著的《红星照耀中国》(Red Star Over China,又称《西行漫记》),这是第一次有人用英语记述共产主义在中国的兴起,我还读到了他之后在20世纪60年代对中国的访问。我也了解到甲骨文、始皇帝、唐朝,以及大将郑和在15世纪早期七下西洋的航海之旅。对我而言,中国这样一个自古以来就存在于东方的国度,却从来没有出现在我面前,这是极不寻常的一件事。但即使在当时,如同西方的大多数人一样,我并没有足够的兴趣去对中国窥探一番,并且,当时的环境给我的印象是,即使我真的要去做一番"寻寻觅觅"的话,我所探寻到的东西也会显得难以理解。

卡尔·荣格(Carl Jung)，不仅仅是一位心理学家，更是20世纪醉心于亚洲宗教、哲学与信仰体系的西方知识分子之一，他将人类归入"热爱符号的物种"这一范畴。我猜想，在他的这一分类法之外，还应该补充一点，即人类借由符号演变成一个"热爱故事的物种"。要接触中国、走近中国，其中一个巨大的挑战是如何试图去构建我自己对于中国故事的理解，以及我自己所叙述的将是怎样的一种中国故事。中国历史漫长悠久，且复杂得几乎令人绝望。但这种历史第一眼看上去也充满了矛盾——这个国家既年轻又古老，既多元又统一。我当时所接触到的中国，呈现出截然不同的两面，有些地方看上去像是已经工业化的都市，有些地方则似乎丛林遍布，熊猫依然生存在荒郊野岭。要将中国这个国家纳入任何一个预先设定的框架之中，实乃不易。毕竟，在我力图对中国形成认知的早期，中国人即使在伦敦这样一个庞大的中心城市也不是随处可见，因此不可能让我获得直接的经历与接触，以纠正我的误解。

要弥补这一缺憾，唯一的方法是前往中国，并在那里生活。因此，我申请就职于一家名为"英国海外志愿服务社"(Voluntary Service Overseas, VSO)的组织，该组织当时获得部分英国政府援助经费的资助。这就是为什么我自1994年起得以在中国的内蒙古地区度过了两年的时光，正是在那里，我终于能够基本上较为流利地用中文进行会话和阅读，并勉强地(如第一章所示)进行写作。

中国的"不可知性"以及如何去超越这种"不可知性"，并将这两者都转化为一个中国故事，将故事讲得坦诚，实事求是，尤其是易于驾驭，这便是本书的主旨所在。我在上面叙述了我的个人经历，它至少可以提供某种语境，借此说明为什么像我这样一个与中国原本毫无关联的人，竟然会在二十几岁的年龄开始，越来越将注意力聚焦于她的思想、历史、文化以及民众。自1994年起，我的职业角色经历了多重转换，做过外交官、商人、咨询专家，最终成为学者。我的绝大部分时间要么是在中国度过的，要么是在与中国的合作中度过的，要么是在对中国的研究中度过的。我亲身前往中国的每一个省份以及自治区，在中国总计度过了五年半的时间，对中国进行了一百多次的参访。自2006年起，我撰写了论述中国的二十多部著作，在四大洲的三十五个国家，围绕着中国的政治、经济和历史举办过演讲。我在澳大利亚居住过三年，我的工作是作为一个学者对中国展开研究，之后重返英国。这一时期，我接受过世界上每一家主要新闻媒体的采访，其中包括美国有线电视新闻网 (CNN)、英国广播公司 (BBC)、美国广播公司 (ABC)，以及半岛电视台 (Al Jazera)，此外，还有中国中央电视台 (CCTV) 和中国国际电视台 (CGTN)。我所撰写的论述中国的稿件发表于《纽约时报》(New York Times)、《电讯报》(the Telegraph)、《英国独立报》(the British Independent)、《卫报》(Guardian)、《南华早报》(the South China Morning Post)、《中国日报》(China Daily)，以及几乎每一家用主要欧洲语言出版的新闻报纸或网络刊物上。即使在1989年，倘若有人跟我说我会拥有这样一种职业生涯，我会觉得这完全是疯人痴语。充其量，我只会认为我将以英国文学作为我的专业领域。直到1989年，我所梦寐以求的是能留在剑桥大学，在那里继续我的职业生涯。如果我真的拥有什么梦想的话，它也只是一个关乎英国而非关乎中国的梦想。因此，本书所说的故事，总体而言是原本的英国梦如何在我身上转而化作了中国梦。

首先，我要说的是，开启并随后亲历这段"第二人生"，无论其挑战多么巨大，对我来说始终是极大的快乐源泉。如果任何一个阅读本书的读者，此刻正处于我30年前所处的相同境地，通过阅读本书受到鼓舞，如同我所殚精竭虑做过的那样，努力使中国和她博大精深的文化与文学变得能为其所知，那么，我撰写拙作，所有的辛劳便不会付诸东流。现在，与他人分享知晓中国的快乐，能够越来越渐入佳境，更为深刻地认识中国，已经成为我职业生涯及大部分个人生活的主要意义所在。当我看到，世界上竟然还有这样一个国度，一片全新的天地，带着全然不同的人生观与命运观，这对我的思想与心灵，不啻是一种巨大的解放。在我人生中与中国文化邂逅的过程中，虽然有些时候事情会变得十分具有挑战性，例如，如何融入中国社会，真是极为艰难，如何理解我所经历和目睹的许多事情，也是甚为费劲。但是，因为投入时间与精力去读懂中国、更深地了解中国国民所带来的回报之巨大让所有的挑战都变得相形见绌，微不足道。对于像我这样一个人来说,原本对中国的认知少得可怜,人生中开始有意识地去了解中国又属于起步甚晚,如何使中国可以为人所知,这便是贯穿本书的主题。将这种可知性的诸多不同方面呈现出来,并且揭示这种可知性如何能够为所有那些愿意投入时间和精力的人们所分享并理解,这一点可谓极其重要。

然而,在本书中,我希望能选择一种与众不同、别具一格的方式来传递这种可知性。虽然自传体的叙述十分具有诱惑力,但自传既十分有限,亦过于主观。在所有其他各种体裁中,这样的一部自传充其量也只是那些时而融入中国生活、时而暂别中国生活的人们记下的一段故事,或者,是那些属于当下这个波澜壮阔、气势恢宏民族的人们所记下的一段故事。此外,我所追求的是尽量能写出更加实用的内容,提供某些想法或提示,使那些原本对中国不甚熟悉甚至一无所知的人们,能够将他们在中国的所见所闻变作其使命的一部分,努力去读懂这个国家的方方面面。在后萨义德时代,当东方主义以及创造"他者属性"被视为带有歧视性且会产生禁锢作用时,我在本书中会尽我所能来证明,我们完全可以超越上述那种视角,进而抵达一种境界,用一种有机的、平衡的和包容的视野,将熟悉与不熟悉的事物尽收眼底,既发现它们彼此的独特色彩,同时亦看清楚有哪些因素使它们彼此相连。《易经》一书阐述了万物何以会息息相关,一方面力图理解并欣赏这些关联的节点,但另一方面也要清晰地看到边缘、界限及分界线在哪,这是十分重要的。

事实上，这一点恰恰隐含在某位学者的作品之中。我对这人隐约有所了解，并在我的大学时代至少亲眼看到过他几次。作为本科生，我在剑桥大学度过了三年的时光，冈维尔与凯斯学院(Gonville and Caius)便是大科学家与大学者李约瑟(Joseph Needham)的家所在之处。我在剑桥时，李约瑟在八十五岁与九十岁之间，略显驼背，但看上去令人肃然起敬，傍晚有些个时候，他会从他的房间出来，步履缓慢地穿过四周有建筑物围绕的方院，去参加学院的晚餐。我从来没能跟他说上话，但经人提醒，了解到了他的宏篇巨制《中国的科学与文明》(Science and Civilisation，即《中国科学技术史》)，也知晓了他自 20 世纪 40 年代开始的那些既漫长又杰出的中国经历。此外，我至少还有一件事情与他有共通之处，那就是他早先时候曾经是一位生化学家，在其职业生涯相对较晚的时候，才开始研究并了解中国。在中国抗日战争后期，李约瑟在驻重庆的英国公使馆工作，其身份为科学参赞。当时，国民政府搬迁至四川的这座西南城市，在 20 世纪 40 年代中期将它确立为国民政府的首都。正是在重庆，李约瑟惊闻了中国丰富的科技思想史，该思想史可一直追溯至秦朝之前，历史上中国在多个时代都是世界创新与发明强国。这一经历激励了他的后半生，最终形成了他多卷本的巨著，有些由他亲自执笔，有些则由其他专家撰写完成。时至今日，这套巨著依然影响巨大。在我 1989 年毕业之后，又过了数年，李约瑟于 1995 年与世长辞，终年九十五岁。关于他的一则讣告写道，他是"自文艺复兴早期的伊拉斯谟（Erasmus）以来最伟大的欧洲学者"。

究竟是什么原因使他如此深深地迷恋上了中国，针对这样一个问题，李约瑟的回答是，他能接触到中国，接触到中国的思想史及其深层次的各种价值观，这无异于接触到一个全新的事物，全然有别于他生于其中、长于其中的西方传统。这种与中国文化的接触，提供了一种新的选择途径，一种新的审视现实的方式。当我2005年前后在上海的某场演讲中引述这一思路时，听众中有人不无道理地指出，这种思路带有"东方主义"的色彩。但即使如此，这种想法对我而言也似乎令我无法割舍。毫无疑问，中国肯定不是存在于另一个星球，但它显然拥有全然不同的一整套社会行为，一整套关于其历史的叙事，以及一整套对于世界的态度，而这一切毫无疑问有别于我所生长于其中的那套传统。对于这一点，我焉能置若罔闻、视而不见？

在本书中，我决意聚焦于具体可感、非常实在的事物，作为讲述我中国故事的一种方式。此外，我还会用具体事例来说明中西方差异这一问题，但我们完全没有必要谈"异"色变，因为在追求使事物变得更为明确、更为可知的过程中，差异又能带给我们很多有益的帮助。我在英国生活过的一个又一个城市一直让我难以忘怀，并将永远令我着迷。例如，在本书《引言》的开头，我就提到在肯特郡，某些地方就与几位作家的生平存在着千丝万缕的联系。正如人们所经常说的那样，凡有重大事件发生过的地方，都会遗留下记忆的痕迹，如爆发过战争的战场，经历过重大事件的建筑物，以及世世代代见证了芸芸众生多姿多彩生活的城镇。古老的地方尤其令人流连忘返，例如英国的某些古老教堂的遗址，一直可以追溯到基督教在当地传播的最早时期，即5世纪与6世纪；再比如，还有一些掩映在旷野风景中的浅浅的道路痕迹，可追溯至古罗马时期。有些家庭住宅，虽然其外立面进行了现代化改造，面对着车水马龙的大街，但在所有现代化的外表之下，显然古韵犹存。此外，还有一些丛林，那里，铁器时代及其他时代的遗迹被灌木或树丛所覆盖，但依然可以让人一睹其昔日的容颜。

自年轻时起，我就形成了一个习惯，每每来到一个新城市，我都会在头脑中首先形成该城市的一个地图。这使我在英国、在欧洲其他城市都十分受用，原因很简单，每一个地方，无论新旧，普遍而言都拥有一个具体的模式，即在靠近中心地带的某处，会有一座或几座教堂，或是一座大教堂，之后可能会有一处市广场，或镇广场，或村广场，有商铺、餐馆、酒吧、酒店旅舍；再从这里往外延伸出去，会有公园、纪念碑、主马路，通往其他地方的交通枢纽与大型地标设施。有时，还会有一些十分醒目的公共建筑，如政府办公楼，或各大机构，以及博物馆。在某些时候，则会有一些艺术画廊，或一些新近改造重建的区域，旧建筑的感觉与特征已面目全非。所有这一切，都有助于构建起关于某个地方的时代与特征的概念，并强化其地域感。

正如本书所示,在探索中国各个城市的过程中,其中一个重要的挑战在于,其空间布局与地理特征以及某些特定地方的含义,以及如何以最恰当的方法来弄懂所有这一切,这些都与我在英国与欧洲的经历大不一样。当代中国,这个我生活中不断故地重游且已然变得十分熟稔的地方,已经经历并仍将经历翻天覆地的变化。一个个城市一年一变样,三年大变样,因此与第一次造访的时候相比,常常会显得几乎无法辨认。这使原来的问题变得越发棘手难弄——当某个地方本身如此日新月异时,来自不同文化背景的访客又如何能读懂他所漫步其上的那片土地呢?在中国,庙宇而非教堂是较为容易理解的一个问题,让人作出重新的调整适应,每到一处,总会让人惦记在心上。但至于城镇空间是如何组织与管理的、建筑物的功能、它们的样式与风格,以及你如何才能断定它们的年代,凡此一切都需要一套又一套全新的知识。

对于一个像我这样的非中国人而言,每到一个新地方,如何游刃有余地徜徉其中,并能够梳理出一个大致的所以然来实属不易,但做到这一点又是绝对不可或缺的。其中一个非常实际的问题便是气候——由于气温的缘故,在中国城市里要走远路往往是很不容易的,尤其是在南方,在室外稍微待上一会便会令你大汗淋漓,全身湿透。另一点是中国的大街小巷往往不易行走或散步,究其原因就是交通繁忙拥挤,而很大一部分是交通工具众多(有自行车、小货车、卡车等)。毫不令人惊讶的是,因为人口众多,中国的城市要远比西方城市中的交通繁忙拥挤。马路上的标识大不相同，通行的礼仪也完全有别于英国的那套（众所周知，在中国要穿过马路相当不易，马路的规则不一样，行人的状况也不一样）。最后，在中国许多城市，尤其是在过去更早的一些时候，当我四处走动时，我会显得十分引人注目，是唯一一个长着浅黄色头发的人。这使我与周围的人群显得格格不入。如果我停下脚步来想把某样东西看出个究竟，有时就会有一群好奇的看客瞬间聚集在我的周围。近年来，随着外国游客在中国的数量节节攀升，这样的情况已经很少见了。

然而，如何把你的所见所闻梳理出个所以然来，则是另一回事。当地的历史，以及各地方如何见证着昔日发生的事件，在很大程度上都是借由甚为笼统的旅行指南一类的书籍传递出来的，而且又是中文材料，肯定令人望而却步。我在本书中所描述的几个地方，一方面知名度极高，另一方面已被研究得甚为透彻，已经有许多书籍论述过这些地方，而且很多是用英语写的。但即便如此，要与它们的故事形成真正亲密的接触与了解，又谈何容易！因此，本书的叙述主要是些个人的所见所闻、所思所想，绝不敢不揣愚陋去对这些地方撰写某种权威的历史或记述。从这一层意义上讲，它只是一段关于我自己的历史，讲述我如何对这些不同的城市形成我的理解，并且逐渐对它们产生感情、印象及态度。本书所讲述的历史，即是这些地方如何对我构成意义的历史。

我在本书所叙述的这些城市，对我而言都具有重要的象征意义。位于内蒙古的呼和浩特，是我在1994年前往工作的城市，当时，我代表英国海外志愿服务社就职于内蒙古医学院。无论我对中国已经获得了怎样的了解，我对这座城市的气候、地理位置、文化及历史几乎一无所知。在两年的时间里，我一边给医学院的研究生教英语，一边在当地的一所主要大学补习中文。在我1996年离开那里之后，我多次故地重返，目睹了这一地方的城市变迁。但是，这段经历也与环绕着城市向外延绵不绝的草原息息相关，因此，这段经历当然也包括如何努力去理解大草原的地理特征及那里的风土人情。

本书第二章所涵盖的是我在首都北京的经历，起始点是我在1991年的首次到访一直到我在2000年至2003年作为外交官在那里生活的那段时光，以及自那以后我一次次的故地重游。在某种意义上，北京作为我在中国了解最深的一个地方，本章更多地构成了一个重写本，向读者所呈现的是北京城的不同地方以及我多次对北京的重访。我尽自己之所能，选取某些最有意义的地点，并从中构建起一段个人叙事来。

第三章所描述的那座城市，我其实已经撰写了整整一本书，这便是上海，一座伟大的城市。在某种程度上，本章所叙述的是一场类似于宗教皈依般的心路历程的转变。1998年，我作为一个新被任命、依然驻扎在英国的外交官，首次到访上海，该城市规模之庞大，熙熙攘攘之程度，不免令我心生厌倦。但在接下来的那个十年期间，我在这个城市花费了大量的时间，致力于上海与利物浦两城的城市关系。正是在此

25

期间，我越来越喜欢这座城市那非同寻常的厚重氛围，以及它如何以如此富有戏剧性的方式传递出现代中国的某些矛盾与创新。

第四章讲的是西安，即伟大的唐朝的都城，也是今天最闻名遐迩的兵马俑的所在地。我第一次到访该城市是在2000年，带一个英国官方代表团参访该市，之后我还曾多次故地重游，一发不可收拾地迷上了一个个朝代变迁中连绵不断的历史古迹，以及透过这个城市所留下的建筑物以及富有历史价值的人工制品所呈现的历代中国的风貌。本章所力图处理的主题是，当一个局外人来到西安时，如何才能将其具有如此复杂性和差异性的浩瀚历史变得可知；还有，西安的物理布局，再加上散落在风景中的一处处古迹，它们既具有史诗般的壮美，又显得支离破碎。凡此一切，都有助于人们对西安历史的认知。

本书最后一章讲述的是中国香港，它于1997年回归中国，但它一直维持着一种独特的氛围，并且，它最终证明这是一个最难以理解的地方。我的中国香港故事不属于一个长期的海外旅居者的故事，而是在1991年与其第一次邂逅之后对其进行过数次短暂参访的匆匆过客的故事。因此，对我来说，香港既是一个非常特别的又是一个中国风情浓郁的地方，或许可以用"一座国际化的中国城市"来形容。它可能是本书中所讲述的所有城市中在物理形态上变化最小的一座城市，但它又提供了诸多以其他方式发生着变化的实例。此外，作为一个英国人，我对香港有着一份特殊的情感。

有一条主线始终贯穿本书，贯穿我上述列出的五座城市，那就是如何去理解所有事物中最神秘莫测之物——百姓的寻常生活。20世纪90年代后期，当我还在英国外交部工作的时候，我记得曾经有一天一位同事长叹一声，感慨地说他"真不知道大多数人是如何打发时光的"。事实上，事情要比这更令人困惑费解。我们活在自己的人生中，我们每个人所过的生活，自己都对其拥有彻底的所有权，并可以随时对其进行审察检视，然而，我们往往浑然不知时间究竟去了哪儿。我们虽然被赋予了自由与能力去处置我们的时间，却往往被千头万绪的事情弄得不知所措，或者说根本就无法将时间规划好。我们整天忙忙碌碌，将自己淹没在各种无谓的消遣之中，每天去寻找所要追逐的目标、想法或事物。有时，我们也会让步时间，转而屈服于我们的工作。在伦敦，大多数人都属于通勤族，他们挤上火车，或一路昏睡，或阅读报纸，或空待着等待，直到抵达终点，然后换乘汽车或其他交通工具，之后到达工作场所。大多数时候，这些工作场所均为办公室，往往是公共性质的，这意味着每个人每天与某个特定圈子的人打交道，其间涉及各种愉快、应诺，以及挑战。会有一些会议、午餐、约会，有些时间耗费在电脑前，有些时间耗费在打电话上，有些时间则耗费在开会上。后现代社会的日常生活，虽然不乏其多样性与丰富性，但其深层次的规则往往是十分标准化的，无论我们生活在何处。就我而言，即使在我过着这种生活的日子里(谢天谢地，还不算太过频繁)，我也总是竭尽全力地在为我所提供的那种按部就班、循规蹈矩的日常框架中，创造更多的丰富性、更多的新鲜刺激，以及更多地参与和投入。或许，很多人都属于这样的情形——富有创意地利用各种呈现在他们面前的机会，使得整天的所作所为更具私人定制的特质。然而，即使在这里，也有着种种局限。在如何规划一个人一天中的所作所为这一领域，做老板的往往是无法容忍太多的个人创意的。

正如我每到一地对所到之处所作的一篇篇自成一体的描述所显示的那样，我每天的生活内容以及我日常生活的结构，往往是大不相同的。在呼和浩特，我沉浸在一种全新的文化社会语境之中，从第一天起就必须去找到参考的坐标、熟悉的景象以及可靠的例行公事，以便能够对我的时间做出筹划。我每天只有有限的几个小时的教学时间，余下的时光需要由我来填充。作为这个地方初来乍到的一位素人，这意味着挑战、创造性以及一丝冒险感。这里，你有充分的自由去做你感兴趣的事情，去对所要做的事情作出规划，所有这一切都需要巨大的自我决断力。但我还面临着另一个任务，那就是去学习新的社交规范、新的礼仪以及我必须要留神的人际交往，以便能融入当地社会，成为其中的一分子。我们都知道有这样一种无法入乡随俗的外来者，尤其是那些来自西方国家的人士，在踏入像中国这样一个地方时，他们所期待、所需要和所要求的事物，必须和他们在国内所遇见的事物一模一样。由于两地的事物必然不可能相同,因此,这场旷日持久的、旨在实现不可能实现之目标的战斗,往往会演变成向他们周围的环境及其中的人们发起的一场焦躁易怒的战斗,其结果是,要么妥协和解,入乡随俗;要么大失所望,饮恨离别。

在北京,我是为某个机构而工作,因此我所过的生活较为井然有序。对于西安和上海而言,以及在某种程度上对于香港而言,情况就大不相同。对于这些地方来说,我只是一位访客,任何一次到访从不会待上很多的日子,仅仅是来也匆匆,去也匆匆,与我生活于其中的环境仅有有限的接触,我对它的身心投入也甚为有限。这可以给我带来一定程度的特权——我没有必要与这个地方产生过度的情感眷恋,这样,我就能发挥一个观察者的不偏不倚,客观冷静,而不是与某个地方牵涉太深,被这一地方所占有。在某个人与某一地的关系上,对于第二种关系的各种情感,其范围与深度均迥然有别于第一种关系。关于这一点,我希望将在我后面的叙述中有所涉及。

由于我对日常生活的基本结构兴趣浓厚,这给我接下来所要作出的叙述赋予了一种不同的韵味。这些叙述绝非游记类文字,它们不是为了异国情调或为了猎奇,也不是想利用局外人的视域这一特权,来嘲弄每一个地方所透露出来的某种深层"信息",更不是对这些地方做某种客观的叙事,以说明当下的中国是什么样子的、中国应该如何被外界看待,以及中国作为一个国家或作为一种文化,其意义是什么。恰恰相反，我也承认，我所欲传递给读者的内容带有我的主观色彩。书中的主角就是我，在我到达一个特定地方之前，我带着自己那一整套的经历，以及我在上面所描述的背景，再加上我所拥有的各种兴趣。接下来所发生的便是那种豁然开朗式的醒悟，之所以会如此，是因为那样的一种人生，那样的一整套经历与期望，非常巧合地被置于本书所提及的那些全新环境之中。在一个完全不同的语境中，盎格鲁－撒克逊历史学家尼古拉·豪威（Nichola Howe）撰写了一本书，讲述如何去欣赏英国自中世纪以来所留下来的古代遗址。书中写道，任何一次观赏都涉及两个现实之间的交融，一个是被欣赏的遗址，另一个是携带着整套知识与思想的观赏者本人。"比德的世界"（Bede's World）是一座现代博物馆，用以纪念英国自8世纪以来最早的本土史学家的研究工作。在游览这座博物馆时，豪威写道，他必须将两个不同的时代加以平衡，并惊叹道："这样一处地方竟然能将英国历史相隔一千两百年之久的两个截然不同的瞬间悬置起来——一个是农业村庄，另一个是工业景观。"[1]正如读者们所将读到的那样，在中国，对于作为个体的我而言，这已变成一项长期的、聚精会神的事务，尤其是当我开始获得对中国充分的认知，足以让我就所见所闻形成的知识与理解进行剖析，并开始将我的所见所闻置于一个更为丰富和复杂的语境中来予以审视。

---

[1] 尼古拉·豪威：《书写盎格鲁－撒克逊英国的地图》，耶鲁：耶鲁大学出版社，2008。

法国哲学家米歇尔·德·塞罗 (Michel de Cereau) 在《日常生活的实践》(*The Practice of Everyday Life*) 一书中，作出了极为丰富的一系列观察，以说明是什么构成了这个"神秘之物"——作为一个个体，一个人究竟应该如何度过每一天。对他而言，日常生活不是最普通和平常之物，而是负载着不同的象征符号，构成了一个场域，事实上是唯一的一个场域，意义在这里得以被创造出来，各种目标、故事及目的得以被界定。日常生活成为终极的空间，成为生活本身得以发生的场所，而不是某种平凡、通俗或乏味的东西。他所表述的一个观点是，在我们日常生活中存在着不同的空间，即工作、闲暇、休息时间，活动时间与亲密时间，在这些不同的空间之间，存在着疆界——所有这些空间无疑受到一个更大的环境的文化、习惯及行为模式的制约，因为任何一个单一的个体，只要生活于其中，便无可避免地被囿于这一环境之中。从这层意义上说，日常生活可以被视作一位独奏者对某个更大的"文本"所作的诠释，这个"文本"泛指形形色色的期望、信念、欲望与理想，它们源于任何一个社会与文化，而日常生活便是对所有这一切的旦复旦兮的循环交替。[①]

要让一个人恰当地从不同的文化背景来看待生活，这不是能经常发生的事情。关于中国、在中国的生活以及中国人的生活，已经有很多人士从观察者的视角撰写了大量的材料，

[①] 米歇尔·德·塞罗：《日常生活的实践》，史蒂文·F. 兰道尔译，伯克利与伦敦：加利福尼亚大学大学出版社，1984。

有英语的、有法语的，还有其他语言的，就诚实性与复杂性而言，其中的大部分材料均属上乘之作。这些类型的著作，作者们得天独厚的优势在于语言上的距离感，以及他们对于采取中立立场的渴求。戴维·博纳维亚(David Bonavia)是中国在1978年开始实施改革开放之后最早的，也是最出色的欧洲新闻记者之一，他在中国逗留了一段时间之后，便撰写了一本书，书名就叫《中国人》(The Chinese)。[1]没有人能质疑他所呈现出关于他生活在那个环境里的知识。他是一个非凡的语言学家，也是一个出色的记者。但他的叙述中存在着一种间隔，而这种间隔普遍存在于自那以后所有类似的著述之中。情况仿佛是，有人透过一架望远镜寻寻觅觅，在一个与他们全然无关的对象身上找到了种种差异，不仅仅是一般性的差异，而且还有某些带有显著意义的差异，但无论如何，这些著述都会暗示某种几乎不可调和的间隔距离。

在本书的叙述中，我恰恰就要试图纠正这一间隔距离问题，将焦点放在能将人们连接起来的事物上，无论他们来自哪个地方，也不管他们的背景如何。这里所谓的地方，是指那样一个物理空间环境，人们只有生存于其中，才能成为活生生的个体，在其所处的场所，人们鼻之所嗅，眼之所视，耳之所闻，舌之所品，无不弥漫着人间烟火与真情实感。所有这一切交织在一起，构成了叙事与意义。而所谓背景，是

---

[1] 戴维·博纳维亚：《中国人》（修订版），美国：企鹅集团，1989。

指人们每天纯粹的时间存在，人们生存于时间之中，无论他们是中国人还是来自别处的人，都会为自己的日常习惯构建起某种模式。我在本书所描述的在不同地方所经历的中国岁月，是我作为一个永久性的局外人所亲身生活于其中的真实感受，但它肯定发生过变化，并逼迫我作出必要的适应。每到一处，我必须观察该地关于时间界限的种种惯例，例如商店何时开张何时打烊，一年中会在哪些时候举行重大节庆，当人们午睡、吃饭或看电视时，他们的习惯是什么。最适宜的做法是，要么成为他们中的一分子，采纳这些习惯，要么尽量不去接触或联系当地的民众，直到一个合适的时间出现。中国作为一个国家所代表的空间，以及它作为一个地方所拥有的时间，构成了两条线索，始终贯穿于本书，并且对我而言，似乎超越了文化与习惯这两个问题。它们构成了两个场域，人和事得以在其中实际展开生活这一事务。总而言之，这便是我的主题，即来自异国他乡的我，如何针对本书所涉及的五个地方的时空环境作出应对、适应以及改变。毫无疑问，这是一个十分简单的题材，但它又如此地至关重要，且又如此频繁地被人所忽略。但是，唯有面对这样的一个题材，我们才能作出描述，揭示出我们如何才能在中国与西方如此大相径庭的两个世界、两种传统、两种文化乃至两种历史之间，最终架设起一座沟通的桥梁。

第一章
呼和浩特

我收到的材料是几张 A4 纸，打印在上面的黑白影像晦涩难懂，看起来有点儿令人沮丧。我之前向海外志愿服务社提交了申请，这个组织在引言中提及要在伦敦接受一系列面试和能力测试。我甚至还在伯明翰附近的一家机构参加了一期课程，学习如何在不同文化环境下生活。即便如此，当那一天我终于知道要去往何处时，却仍感到忐忑不安。我根本不确定标准的普通话是否在内蒙古普及，而学习普通话正是我去中国生活和工作的全部初衷。我需要全天二十四小时沉浸在我希望学习的语言环境中——如若不然，我可以继续待在伦敦，和这里的人们进行语言交换学习。不过，这几页材料明确告诉我，因为天空的颜色而被称为"蓝色之城"的那个地方，普通话的普及率非常高。那就没什么可担心的。

早秋时节我乘坐北京始发的夜车抵达呼和浩特，扑面而来的是各种各样全新的声音、全新的气味、全新的体验。第一印象是嘈杂——一个典型的中国式火车站，矗立在一个很有特点的城市前，携带大量行李的人们摩肩接踵，往来其中。整个行程我住在软卧车厢里——类似一些英国火车上的一等车厢，配置相对舒适，且每个隔间内只有四名乘客。走出隔间就能意识到有多少人和我一同乘坐这列火车了。在火车持续不断的噪声中度过整个夜晚，并不是令人愉快的事儿。大部分时间列车都在行驶，但经常会停靠车站，偶尔在缓缓驶出站台前还会鸣笛。列车在黑暗中前行，清晨时分到达呼和浩特，此前我没能看到周边的景色。列车到站后，即使在拥挤的站台上也能感受到，与潮湿、闷热的北京相比，这里的空气更加稀薄和寒冷。

第一天，我来到内蒙古医学院——这所学校将成为我未来两年的家。内蒙古医学院成立于20世纪50年代，那时很多人从中国各地来到这个北部与蒙古国接壤的地区定居。学院坐落在一条位于城市中心的笔直长街——新华大街上。新华意为新中国。大街的命名，是纪念1949年中华人民共和国的成立。校园内分为三个区域，一个是主教学楼，另一个是学院附属医院，还有一个是居住区，有一片应该是在20世纪50年代至70年代建成的公寓。这些区域中间散落着一些矮小的平房，用作自行车、蔬菜以及其他物品存放的地方。

接下来的几天里，我对这个微型世界有了更多了解。这是一个非常典型的"工作单位"，是存在于世界中的一个完整世界——拥有附属的企业、学校、医疗和福利设施。我的公寓是为外国专家准备的——自20世纪80年代起，这所学院就开始接待外国专家。公寓在二层，有一个简单的卧室和客厅，一台很大但老旧的电视机，一台冰箱，一个聚氯乙烯沙发和一个书架。卧室和客厅中间的狭窄空间是卫生间和厨房。此外，还有一个朝向对面建筑物的小阳台。

我对新环境的想法是什么呢？首先，英国就没有工作单位。这是20世纪50年代以来中国城市最主要的社会组织形式。但是到了1990年，随着改革开放的实施，许多事情发生着变化，大量人离开了一直居住的地方到外地谋生。同样在20世纪90年代中期，人们购买自己的房子，并进行装修。一天晚上，一位邻居眉飞色舞地跟我说，新的商业机会正在各地涌现。这从散布在附近大量的商铺已经看出端倪。许多商铺是私人经营的，或由学院安排管理。夜晚的商铺往往给我留下深刻印象，因为它们像是永远都在营业，而且经常展示着大量的、五颜六色的货品——在明晃晃的灯光下，要么是层层叠叠等待出售的水果和蔬菜，要么是成堆的饼干、进口商品或本地生产的品牌商品。餐馆也是一样的情况。许多都是商人们的小本经营，彼此争抢着生意。甚至小买卖亦如此。商贩们在房屋之间的小巷内吆喝着，吸引人们来买东西，吆喝声还夹杂着磨刀的、修车的小贩声，等等。

一旦进入学院的区域，事情就更加形式化。那里的主要建筑是图书馆、中心教学区和行政办公区。所有建筑物都覆盖着棕色或灰色的墙砖。学生宿舍位列一边。这所学院的住宿条件比较基础——八人一间，共用厨浴设施。这里有一间大食堂，另一间小一点的食堂是为访客准备的，我在自己做饭前曾在那里吃过几次。教室里没有多余的装饰，只有一排排的课桌——偶尔有地图和画像挂在刷白的墙上。

穿过居住区北面围墙上的一扇小门，是一条后街，在两条主干道之间延伸。那是我刚来的时候探索校园周边的极限。它通向一个菜市场，里边全是摊档，摆放着肉类、蔬菜、干货和腌制品——市场里总是人流如织，很晚的时候也是如此。英国超市里所有的货品会贴上整齐的价签，而且基本不需要和工作人员交流，对于习惯英国超市的我来说，这里的一切都是陌生的。要想做到在一个地方买肉，在另一个地方买糖，再去下一个地方买香蕉，同时还要和商贩讨价还价，有时并不那么容易。同样让人难受的是，看到剥了皮的牛羊整只挂在铁钩上，你想要哪一块肉，屠户便切下来用手称重。

刚到呼和浩特的时候，一位大厨自告奋勇教我如何做正宗的中国菜。其中一道是"回锅肉"。教我做菜的头一晚，他带着一份配料清单来见我。我的第一项任务就是到这个市场，买猪肉、食用油、生姜、酱油和洋葱。在狭小的厨房里，他把炒菜锅架在燃气灶上，将猪肉放入油锅中炸，加生姜、少许酱油，然后倒入一些洋葱，几分钟后这道菜就和他事先煮好的米饭一起摆在我的盘子里了。第二次我们将猪肉裹在面粉和鸡蛋做成的糊状物中油炸——"干炸猪排"。但我真正想学的是一道我在市场旁边一家小饭馆发现的菜"鱼香肉丝",字面意思为"鱼肉味的猪肉丝"。不过里面并没有真正的鱼肉,而是以酱汁为基础,配以胡萝卜丝、猪肉丝和辣椒调和出的味道。在这座城市的大部分时间里,这道菜成了我饭桌上的常客——每一次吃它的时候,我都会虔诚地想起初次听说这道菜并大饱口福的那个地方。

你可以闭着眼穿过整个市场,嗅到各种食物的味道。从这种意义上讲,也是和西方超市完全不同的体验。这里的味道更浓郁,更鲜活,也更多样。城市广场是我设法去信步漫游的第二个地方,我小心翼翼地试图拓展我的世界。人民广场是该市的心脏,至少是它最大的中心地带,因为后来我才了解呼和浩特这座城的一大特点就是有多个中心,尽管重建的时候似乎已经施行了统一化。在 8 月末 9 月初阳光灿烂的日子里,整个广场显得空旷瞩目。铺设的地砖一目了然,广场中心的喷泉有时还哗哗喷洒。在广场的南端,有一排大展板,上面写满汉字。我第一次去广场的时候距离中国的国庆节只有几星期,这些展板是庆祝用的。广场东边有一家规模很大的书店,占据好几层楼——在那里我发现了一套很棒的小说,是一位诺贝尔文学奖获得者的知名代表作品,从作者第一次获奖到 20 世纪 80 年代的作品应有尽有。广场北边是当时城市的最高建筑——内蒙古电视塔。电视塔的隔壁是唯一的四星级酒店,也是唯一的国际标准酒店——呼和浩特昭君大酒店。

刚来的那几周,我喜欢坐在昭君大酒店的大堂咖啡厅,欣赏那里的壁画,感受这座全新的城市。昭君的故事在当地很有名——两千年前,一位汉族的公主婚配给一位匈奴的部落首领,远嫁亚洲腹地。昭君的故事只是浩繁的、令人望而生畏的历史故事的一部分,我才刚刚开始了解它最简单的脉络。某日午后,我去书店想买一张中国历代帝王挂图。中国的朝代断断续续,要记住这些帝王的名字绝非易事,在很大程度上是因为帝王有多种称谓——名字、年号、谥号。昭君大饭店有好几个餐厅,分别供应西餐(主要为汉堡和意大利面)、中餐(大概是广东菜和北京烤鸭)和本地特色菜肴。本地特色菜肴指的是蒙古羔羊——羊肉带骨水煮,或带骨烤制,做好后放在餐桌上供客人分享。

刚到呼和浩特的那几周里,有一次,市外事办公室决定给所有外国专家安排一次假期,让我们走出城市,看看草原。来呼和浩特之前,我就听闻了一些信息——它所处的地理位置,高原丘陵起伏绵延成山,而山的另一边是大片平坦的草原,养育着羊群和其他牲畜。在城市里很难想象周围的乡村是什么样儿。有的时候,你能看到北方的远山,泛着柔和淡淡的蓝。但你必须离开城市,走出很远,才能开始想象乡下的样子。我的第一次尝试并不顺利。当时,我骑着我的标配

"飞鸽"自行车,车胎一路上被扎破两次。路很难走,车又多,我只好提前打道回府。那次,我们是乘坐着大巴出游的。所以,这应该意味着我确确实实曾到达了某处地方。

第一次旅行让我有什么收获呢?那就是这座城市里还有其他外国人,大部分来自美国,有一个来自加拿大,有的人已经在这儿生活了快十年。离开城市旅行,意味着你必须适应不同的时间概念——起码在那些天里是这样的。你的目标是在下午或者第二天上午抵达目的地,更具体的时间就别指望了。有一个地方,大巴顺着一条狭窄的小径开了过去,在我看来那小径就是沙子和草混合出来的痕迹。后来,在一根电线杆前,出于某种原因,驾车的司机必须小心翼翼地从那里通过,这就耽搁了近一小时的时间。有好几次,柏油路走到尽头,我们只能继续在沙土路上前进,从往来的大小车辆中艰难穿行。这里的夜晚一片漆黑。

晚上,无论我们走到哪里,只要从大巴车上下来,都能看到摇摇欲坠的天空——漫天繁星璀璨,星光披洒在我们身上。除了大巴的前车灯,周围没有任何光亮。我们到达终点——一个名叫锡林浩特的边境小镇时,它就像突然出现在我们眼前一样,之前没有任何预兆。前一刻,我们还在没尽头的路上行驶,四周看上去荒无人烟。下一刻,我们就被低矮、漆黑的建筑物包围,其中略高一些的建筑是一家旅馆。我们成群结队在小镇中心转悠的时候,只看到一些小商亭还在营业——偶尔还有亮着灯的小酒馆。早上,整个城镇看起来更小了，只有几条热闹的街道，离开这几条街就立刻进入了草原。

我对能看到些什么本来不抱什么期待，几乎每天下午我们都在大巴车上度过，但是中间有一天傍晚发生的事情却给我留下了极为深刻的印象。我们在一处被称作公社的地方停下，在那儿吃了羊肉和用羊肉汤烹制的米饭，还喝了一些白酒——名为茅台的白酒，非常烈。重新上车后，我们举办了一场歌唱比赛，然后车便停在一片低矮的小山前。前方有两个看上去像土丘的东西，它们前边还有一块儿解说板。解说板上的文字是中文——内容很简短，上面写着这个地方的名字，还介绍在我们面前的是一个具有重要意义的历史遗迹。有人认出了开头的几个字"元上都"。"元"是13世纪至14世纪蒙古王朝的国号。"上"是上边、顶端的意思。"都"意为首都。经过一番思索，有人给出了结论。"夏都"，他们得意地说。说得很有道理，夏都是西方诗人口中的极近神圣之地，这些诗人中包括英国伟大的浪漫主义诗人柯勒律治(Coleridge)。因柯勒律治"在夏都"(In Xanadu)为开头的这首短诗极具感染力，从而使这个地方成为不朽之地。

我很熟悉柯勒律治的作品。大学的最后一年，我写了一篇关于他的研究论文，还去大不列颠图书馆查看过收藏在那里的柯勒律治手稿。其中一本关于逻辑学的书对我影响很大，在很大程度上是因为这本书的许多批评观点是未经许可就从别的地方照搬来的。柯勒律治是个有争议的人物——

一个理想主义者、革新者，晚年却变成坚定的保守派、瘾君子。他是一位伟大的诗人，年轻时和威廉·华兹华斯（William Wordsworth）一起写作，人到中年渐渐沉寂，再没能创作出可与他辉煌的前期生涯相比拟的作品。无论如何，柯勒律治都是将康德（Kant）、谢林（Schelling）等大陆启蒙运动代表介绍到英语国家的重要人物。

在"夏都"一诗的创作过程，本身就具有神秘色彩——有这样一个故事，在一座偏僻的房子里，一位诗人吸毒之后，灵感排山倒海而来，写下酣畅淋漓的诗句。他原本打算以这些诗行为开篇写一首更长的作品。然而，根据故事里的描述，柯勒律治被上门来的税吏打断。当他们离开的时候，诗人的诗性也随之消失了。因此，只有这首短小优美的诗歌流传下来。从许多方面讲，这隐喻了他的人生——一个在二十多岁时多产的作家，突然数年间没有任何作品，遭遇瓶颈，备受压抑，直到缪斯女神再次青睐于他。

柯勒律治从未到过中国。事实上，他到过最远的地方是马耳他。中年时期，他郁郁寡欢地在那里做了几年官。许多学者认为他对东方古城的认识源自 13 世纪马可·波罗（Marco Polo）的游记。游记中对元朝皇帝忽必烈汗的夏都有详细的描述。此外，还有威廉·珀切斯（William Purchas）在他一个世纪前创作的《朝圣者》，其中大量半真实、半虚构的故事也影响了他。去中国前的一天下午，我在剑桥大学图书馆的古籍和珍本阅览室找到了这本书，上面印的字密密麻麻，我尝试着将它通读了一遍。

真正的夏都遗址就没有那么引人入胜了。曾经的宫殿、街道和建筑痕迹，如今只剩下残垣断壁，上面仿佛是被人盖了一层厚厚的、蓬松的绿色斗篷。站在被标注曾经是城门的低矮土丘上，到处都是明显的古都痕迹——大大小小的残迹散落地表各处，间或还能看到浅壕和洞室。在这废弃的城池周围，零星可见残存的土墙。八个世纪前，马可·波罗到过这里。夏都的繁荣与奢华，以及城里各种各样当作宠物驯养的动物，深深震撼了他。但是，1367年，元朝覆灭之后，帝国的首都就迁到了南京，然后又迁回北京。新的帝国统治者没有蒙古人游牧、迁徙的习惯。从那时起，夏都就被废弃了。

遗址上可看的东西很少，但却是个让人不愿离开的地方。大巴司机喊了很多次，都没能让我移开步子，直到有人过来找我，我才跟着他回到车上。让这个地方如此与众不同的是它的氛围。一片静寂中，黄昏来临，光线逐渐暗淡，这个有着深远文化影响、大名鼎鼎的地方再次消隐，湮没于黑暗的夜色中。很显然，到这里来的游客很少——即使是中国游客也很少。但是，它有一种令人难忘的特质，久久萦绕在你心头。1996年，当我结束呼和浩特的生活回到英国的时候，这种感觉仍在。回到英国后不久，我在书店找到一本关于这个地方的书。作者是位名叫卡洛琳·亚历山大[1]的英国女作家，

---

[1] 卡洛琳·亚历山大：《通往夏都之路》，伦敦：魏登费尔德与尼科尔森，1993。

她比我早几年去过那里。当然，还有其他人到过那里，有的人甚至是骑自行车去的，尽管当时这个地方还属于集宁周边的军事禁区。我从没想过还有机会回到这个地方，这座城在我的记忆中长眠，就像它在自然的怀抱中长眠一样。

数年后，我在北京做外交官的时候，曾和一些来自意大利和英国的朋友吃饭。其中一位朋友提到他曾去过"元上都"(Yuan Shang Du)，而且他们正计划着将那里打造成新的"生态城"。听上去是个大胆又出人意料的想法。他们经常在周末开车去那里——开车的话需要七小时。他们认为那里离北京近，又有知名度，所以有很广阔的前景。他们甚至建立了一个网站，上边挂着些理想化的图片和模型，展示了重建后的夏都可能的样子。

无论他们对这项计划有多认真，2007年左右，我第二次去那个地方的时候，他们的计划似乎还没有实现。这次距离我的第一次造访已经超过十年时间，我发现整个遗迹已归正蓝旗（意为真正的蓝色，以大部分时候这里天空的颜色命名）管辖，附近还盖起了一片房屋。当时，我正在做顾问，努力推动中国和欧洲为主的其他国家间的贸易与合作。我突然想到一个主意，既然夏都现在已经不是军事管制区，可以通过朋友问问地方政府是否有兴趣把它打造成旅游胜地。起码，这里有相当大的吸引力——游客们可以先在北京游玩儿几天，最后在元朝旧都附近的蒙古包里过上一夜，作为旅程的结束。

有这种想法的人很多。北京的有些人更加野心勃勃，建议促成香格里拉之类的酒店集团在那附近开一家五星级酒店，接待游客。如果北京的人们希望更快到达那里，酒店可以修建直升机停机坪。现在的道路状况比几年前好了很多，也可以提供乘豪华轿车从北京到酒店的服务。即便如此，这个地方依然是我第一次看到时的样子。一片神秘的土地，四野是空旷的草原，只留下些细微的痕迹，影射其昔日的荣光。无论如何，这才是它该是的样子。参观夏都，一直给人一种持续的、如梦似幻的体验。那是一个让你的想象力驰骋的地方，一个建筑物寥寥、土地起伏不平但广阔苍凉的地方。[1]

有一个方法能够使你真正融入这座城的精神，融入草原的精神。那就是，日落之后，盘腿坐在蒙古包中，一边享受菜肴，一边聆听表演者演唱奇特的"呼麦"。"呼麦"是一种双声喉音唱法，表演者可以从喉部同时发出高低两种声部。美妙的音乐似乎在空气中流动，婉转起伏，牢牢吸引着听众。毫无疑问，这种音乐形式非常古老。它仿佛承载着周围草原的空灵浩瀚，阵阵回响在我们的脑海中。

起初，我对这里的了解始于它所蕴含的历史厚重感。但是，随着我开始理解呼和浩特所在地区的地理特征，我对它的了解也越来越深。呼和浩特的海拔比北京高。坐火车从北京来的游客，尤其是开车或乘飞机来的游客，能够明显地感

---

[1] 2012年元上都被收入世界遗产名录。

觉到地势在逐渐升高。然而，从北京到呼和浩特十一个小时的行程，仅仅覆盖了内蒙古自治区极小的范围。从呼和浩特出发，我可以乘坐客运班车，花三个小时向西，去另一个主要的工业城市包头。包头市辐射三个中心区，它作为一个巨大钢铁厂的所在地而广为人知。1994年圣诞节期间，我乘大巴和另外两位住在大学里的英国老师去了那里——那一次我穿的衣服太少，得了重感冒。但是，如果想去内蒙古最西部的地区，到达包头只是穿越其广阔疆域的一小步。据说，西部地区拥有最富饶、最辽阔的草原。1995年，我曾坐火车从新疆的乌鲁木齐途经银川返回呼和浩特，我对西部地区的所见所闻仅限于此。仅仅两天的旅程大大拓展了我的眼界。我意识到，尽管中国人口众多，名声在外，但有些地方却是地广人稀，其程度英国没有地方能比得上。

从火车站到人民广场之间的区域是呼和浩特的主城，也是我最早接触的区域。但是，在此范围之外，城市里还有别的地方，像是一个个单独的城区，逐渐成为我新的冒险之地。其中值得一提的是老城区，从我住的大学沿一条宽阔的马路一直向南就能到达。这条路的两旁，在狭窄的后街和小巷之间，各有一座寺庙。其中一座建于清朝，全部为木结构——庙门外有一排出售墓碑石的商铺——有高高的石碑，也有低矮的墓石，和西方陵园里的墓石有点像，上边可以篆刻汉字。寺庙本身是个安静的地方，大部分时间没什么人，天气变冷之前，很适合坐在这里冥想。时而有穿着黄色或深棕色袍子的和尚经过。但是，我不懂他们的修行仪式。有时候，我到庙里去，能听到唱经的声音，偶尔，能听到钟声。

另一边的寺庙占地更大——三进三出的院落，通过每道门廊，能进入拥有更大建筑规模的空间。最后一间院子里有一座巨大的佛像。佛像身披丝绸袈裟，面前摆着贡品。我最喜欢的是这里的壁画——墙上画的是曼陀罗，描摹着天堂和地狱的景象。有一天，我遇见一位缠过足的年迈女士。她当时应该有八十多岁或九十岁出头了。她身穿深色衣服，小心翼翼地站在门前，她的脸上布满皱纹。看着她的时候我不禁想，她的一生必定饱经沧桑。她见证了末代封建王朝——清朝——1911年至1912年间覆灭前最后的时光；见证了军阀割据的共和时期；也见证了1932年日本人的入侵，看着国家一步步走向战争。1937年爆发的抗日战争期间，日军也侵略过呼和浩特，她也一定知道这段历史，还有抗战胜利后，1946年开始的内战，以及再之后发生的事情。她就在这儿，站在一个20世纪90年代依然处在变革中的城市里。我很好奇，她的家是什么样子，她的家人如何看护她，她现在又过着怎样的生活。但是，她很快便离开了，以令我惊讶的速度消失不见。缠足的陋俗大概在她五六岁的时候就被废除了。她应该是最后一批经受过这种磨难的人。

老城区有自己的特色，形成了一种与其他地方不同的氛围。这里的建筑多为木制和砖制，一般不会超过两层。寺庙附近的小店通常会卖供香，傍晚时分，供香的气味飘散在空中，提醒你庙门就要到了。这里还有卖小型佛像的，最有趣的是，还有卖成摞纸钱的。有的人认为焚烧这样的纸钱能带来好运。我很容易看懂和理解西方的教堂，因为我对这些教堂很熟悉，对基督教，尤其是天主教的仪式也很了解。即便英国最小的教堂，也是一处聚会场所，但它充满了象征意义——在这里，人们可以尝试重新与他们信仰的上帝建立联系。教堂里到处是基督和圣徒的形象，以及专门用来记述基督生平和他复活故事的陈设。甚至许多教堂的外形设计——由细长的主体结构和两侧手臂似的结构组成——也让人想起耶稣钉在十字架上受难的身体。其中，圣所是他的头，中殿是他的身躯，耳堂则是他的双臂。但是，寺庙里陈设的独特意义，以及数量庞大、各种各样的偶像和雕塑，对我来说非常陌生。我也不能正确理解这里举办的宗教仪式。这些仪式是否像基督教似的，有时在工作日但大多在周日举行，并伴有固定的圣礼？还是和西方许多教堂承办的葬礼、婚礼和施洗礼类似？这些寺庙看上去确实很神秘。庭院里静得出奇，只有几棵遮阴的树和几个可供休息的石凳。但是于我，这些房屋没有任何意义，充其量就是一些历史建筑，提醒着我现在居住的城市已有上百年历史。

当然，老城区里也有商店，比如，城区边缘的清真寺周围有带着尖顶的小商铺。这一区域随处可见伊斯兰教的标志。我曾遇到过几次这样的情形，祷告时间一到，穿着醒目白袍、戴着白帽的男人和年轻的男孩儿们便消失在祷告厅里。在这里，食物必须符合伊斯兰教律法。真主启示说，动物的屠宰要有仪式。这里还有堆满大袋葡萄干、水果干、辣椒的马车，发出的气味和城市其他地方的供香一样浓郁。一看就知道是农村来的老头儿、老太太们，他们坐在小凳上，紧靠着拴在马车上的马，有时嘴里还嗑着瓜子，默然地看着来往的人。有些人在地上铺一个单子，将货品摆在上面贩卖——有太阳镜、衣服、书以及各种小电子商品，还有些人卖小宠物。我觉得这是这座城市里常见的景象——无论商店、摊档还是小贩，买卖无处不在。这是一个商业化的城市，一个商品云集、买卖兴旺的地方。

新的建筑接二连三地拔地而起，即使在老城区的边缘也不例外。其中一些是新开的大饭店，为大批抓住改革开放经济机遇的新兴商务人士提供餐饮服务。还有一些是公寓楼，主要卖给雨后春笋般出现的民营企业里的工作者们。有一天，一位朋友带我去他父亲刚刚买下的一套新公寓。这套公寓具备当时新建公寓的标准户型——一个宽敞的客厅，背后是厨房和卫生间，以及两个或者三个卧室。这种地方往往从外面看起来很普通，但当你进门之后会发现，墙上贴着干净整洁的瓷砖，屋里摆放着华丽的木制家具，起码在这个房子里，还有崭新的大冰箱和大彩电。一只狗在外边的某处吠叫——饲养宠物是合法的，但需要获得许可证。尽管会有额外的花销，但大部分人似乎还是想饲养一只狗或者猫。墙上有一幅画，画的是我非常熟悉的场景——一座矗立在桥边的小教堂，这座桥就位于我在英国的家乡。教堂的塔楼上有一个用来报时的蓝色的钟，十分独特。教堂的周围还环绕着一些老式建筑。这些来自遥远家乡的画面勾起了我的思乡之情。自我来到这里，人们经常询问我是否想家。起初，我可以很真诚地说我没有。但是，当我看着这幅小画中描绘的宁静之景，不禁想起我是怎样在这些建筑间徘徊、进出，学习它们的历史，了解它们的故事。从很多层面来讲，这也是我现在在临时的新家里一直做的事——试图与这个地方建立一种情感纽带，这种纽带需要建立在更多认识的基础上。只有通过大量的学习和了解，我才能真正感受这座城市，而不是像以前那样对各种事情感到困惑。

城市里有公园。最大的公园是人民公园，位于商业区。走进一个高大的入口后，很快就能看到一个人工湖。天气好的时候，人们会乘坐塑料脚踏船，在湖里划来划去。大多数脚踏船做成鸭子或天鹅的样子，鸟头所在的一侧是船头。湖边有饭馆、咖啡屋和小商店。湖后边的树林中延伸着狭长的小径。这儿看不到在英国花园里常见的精心修剪的玫瑰或其他花卉，但到处都是枝繁叶茂的绿植，在公园的后部还有一个小型动物园。在公园里，你可以看到第一批建设中的摩天大楼。现在的大楼盖得还不太起眼，几年之后，更多、更高、更引人注目的摩天大楼将拔地而起。继续从公园向前走就是主要商业街。我在的时候，最大的商场是"民族商场"(Nationality Store)，与西方百货大楼最为相似的商场。民族商场对面，是一家卖炸鸡和冰激凌的店铺——20世纪90年代中期，呼和浩特还没有肯德基、麦当劳这样的快餐连锁店，这家店是最接近西方快餐店的。刚到呼和浩特的那几周，我经常坐在那里，看着偶尔进出的游客，好奇是什么吸引他们选择这家偏僻的店。他们肯定对我也抱有同样的想法。

移居到新的地方，不仅意味着需要适应周遭的物理环境，还意味着需要尽快形成一套新的日常生活习惯。有规律的生活能够帮助人们排解焦虑，减轻乡愁引发的孤独感。至少你开始控制自己的时间，并可以充分加以利用。自打住进小小的外国专家公寓起，我就意识到大学和周围的社区都有各自独特的生活节奏。大学开学之后，能看到各种各样的事情。学期结束，学生们都离开了，新的人也会到来，这跟地球上任何一所大学没有任何区别。开学期间，每天早上学校的扩音器都进行广播，并以一段激动人心的音乐结束。有时候，人们能听到中央广场传来军人们训练时喊号子的声音——有可能是学生们在军训，那时候的学生必须参加军训。此外，每天早上还能听到小贩们在街头巷尾穿梭叫卖的声音。同样的情形也发生在晚上。我习惯了带着一个一升容量的空塑料瓶下楼，从一个推着自行车的蒙古族老人那里买牛奶，他的自行车上挂着两个大桶，牛奶就是从那里边舀出来的。这样的牛奶必须煮一下才能喝。他的吆喝声很特别——"Da niu-nai lai le"——"打牛奶来了！"我到现在都记得他吆喝时的样子，也记得每天晚上我都要竖起耳朵生怕错过他的吆喝。

有一次，他得了重感冒，喊出来的声音沙哑又模糊，但我还是想方设法听到了。无论以前还是现在，牛奶都非常重要！

一天剩下的时间主要围绕两件事——工作和吃饭。我有一部分工作是在大学里教书，这部分工作并不繁重。研究生人数不多——大概只有二十个人。他们作为未来的医生，将被派往自治区的各个地方。学生们需要一定的英语素养，这样他们才能进行国际学术交流，阅读外文专业文献。我每周给他们上一次课，做两次专题研讨。剩下的时间我可以自由支配。我用这些业余时间阅读和学习中文，并尽可能让自己对所处的环境更加了解。

学习的时间往往被午饭和晚饭打断。午饭时间到了，呼和浩特似乎静止了，甚至连路上的车辆都停了下来。吃午饭像是一场大规模的仪式。住在我隔壁公寓的人们纷纷回到家里，你能听到厨房里发出的各种声音，比如煤气灶被点燃的声音，还有锅铲和炒锅发出的金属撞击声。在此之后，一切又归于寂静。许多人会午睡一会儿，这是一天中最宁静的时刻。我意识到，虽然中国人与西方人有诸多差异，尽管他们的生活充斥着戏剧性和神秘感，但归根结底，也是围绕着这样的日常作息展开的——吃饭、休息，然后继续投入到工作中去。

晚饭则更具动感——附近饭馆里人头攒动，人气兴旺的店甚至把餐桌摆到大街上。到了9月末10月初，天气太寒冷了，没办法在室外吃东西。但是在这之前，我刚到呼和浩特的几个月里,你能在人民广场看到卖烤肉、烤鱼和各种小吃的货摊——看起来每个小摊卖的吃的都别具一格。广场上有移动的卡拉 OK 机,这是晚上最吸引人的活动,年轻人在卡拉 OK 机上点唱自己喜欢的歌曲。如果你站的位置合适,能听到他们断断续续的歌声飘过整个广场。就在广场的北面,电视台大楼背后,有个更正式的歌唱的地方——一个小型的戏院,戏院里还有家餐厅。戏院入口处有两个彩绘的脸谱,一看到脸谱,人们就知道这地方是做什么的了。戏院内部最主要的区域是戏台,戏台的前部有一个小拱门,浓妆重彩、华冠丽服的表演者从这里上台,演唱最有名、最经典的京剧剧目。观看京剧的时候,你可能会想,他们是如何练就了这一身的本领,在人生的什么时刻决定成为京剧表演者,又苦挨过怎样的训练呢?你甚至能发现其他表演者正在后台紧张地等着上场。观众们吃着点心,偶尔鼓鼓掌,其余时候在忙着聊天,几乎没留心看前面的表演。但整个气氛是休闲放松的,所以应该也没人介意。

冬天最寒冷的时刻到来之前,走在街上,卡拉 OK 歌手的歌声一直伴随我回到学校。有时候,我甚至能在公寓里听到他们的歌声。一旦寒冬降临,呼和浩特就变成了一个完全不同的城市。1 月和 2 月是一年中最冷的月份,气温跌到零下二十五摄氏度,有时甚至到零下三十摄氏度。但是,并不只是寒冷这么简单。走到室外,刚开始的冷比较容易接受,感觉好像是被什么咬了一下似的。接着寒气钻进你的身体,像牙尖齿利的狗几乎咬穿你的骨头。寒冷蔓延到各处,天气干燥,寒意挥之不去。寒冬腊月里,连街上的小水洼都冻得结结实实。公园里的湖成了滑冰场——当地人很擅长滑冰。因为有练习滑冰的条件,呼和浩特曾有人进入国家队代表中国参加冬奥会。一位女士答应教我滑冰——但是我太笨拙了,很难保持平衡,所以我只能在扶着东西的情况下请她多教我几次。

呼和浩特市有多所大学,内蒙古大学是其中比较重要的一所,创办于1947年,当时自治区刚刚成立不久。它主楼的正面非常典型且宏伟,有一个高塔耸立在旁边的行政楼、教学楼之上。说它典型,是因为我发现中国的大学主楼都是这样。从到呼和浩特的第一个月起,我每周四早上都要来这里,跟一位汉语言文学系的教授学习几个小时的中文。她向我推荐了几位作家,天津作家孙犁,以及两位伟大的中国现代作家——杨绛与她的先生钱钟书。阅读他们的作品十分费力,我需要在我的牛津汉英词典里查阅几乎所有的汉字,由于频繁地用手翻阅,字典都被我弄得脏兮兮的。一些最简单的汉字,往往让我花费数小时才能在字典上找到,因为我搞不清楚这些汉字的部首(汉字字形结构的一部分,可用于检字)是什么。老师建议我再买一本逆引词典,因为大部分中文"词汇"由两个汉字组成,而我经常不认识第一个汉字,只认识第二个。除此之外,我还有一本专有名词词典——可以将贝多芬、马勒、狄更斯之类人物的名字进行正确的音译。最后的语言学习利器是一本"成语"词典,成语是四个汉字组成的谚语,是对古老的民间智慧和记忆的精炼,有的成语是口语化的,有的又很书面化。为了确保尽可能接近正确的中文发音和语调,我每周挑选一篇文本,上课的时候,试着阅读给老师听。[①]之后,我和老师对这个文本进行讨论,她会告诉我这个文本的一些写作背景。她是一位优秀的老师——既耐心又博学,而且做事效率极高。数十年后,我依然对她为我提供过的帮助心怀感激。

除了这所主要的大学,呼和浩特还有一些专业类高校。师范大学在城市南边,快到郊区的地方。农业学院是培养未来农务管理和农村经营人才的学府。北边是工业大学。内蒙古职业学院则在更西北的位置,该学院也是唯一以蒙古语作为主要教学语言的学校。以上所有学校里都有很多人对英语感兴趣,在学习英语。而所有人都生活在自己的小世界里,有各自的生活节奏与社交活动,有不同的亚文化。我之所以知道这一点,是因为和这里的其他外教逐渐熟识后,与他们聊天的过程中,我意识到他们的生活和我在医学院的生活略有不同。差异的产生是因为我的学生比他们的学生年纪大——通常我的学生都在快三十岁或三十岁出头的年纪,个别学生已经快四十岁了。大部分学生都结了婚,许多还有孩子。有些人甚至去过国外。他们对人生的看法与二十岁左右

[①] 标准的普通话有四个声调——升调、降调、平调、先抑后扬的曲折调。例如音节"ma",随着声调的不同,可以对应汉字"马"或者"骂"。

的大学生截然不同，他们都做出过人生的重大决定。

　　我到处闲逛的时候，渐渐发现了大学周边的共同点——狭窄的小街以学校为中心延伸到四面八方，街上有小茶馆、小酒吧、小店铺。对于第一次到这里来的人，最吸引眼球的是街边的一排台球桌。这些球桌是用来经营的，往往是一个人出租两三个球桌，甚至更多的球桌。天气过冷，或偶尔下雨的时候，绿丝绒的桌台表面会被盖上防水布。此外，这些台球桌几乎天天暴露在外，经受风吹日晒。尽管如此，每天都有人在那儿打球。游戏开始前，有人选红色的球，有人选蓝色的球。玩家们用力地击打，让球从球桌的一端滚向另一端，他们试图用母球将之前选择的彩色球撞进球袋里。这情景挺吸引人的。虽然在英国有时也会玩，但我没有打台球的天赋。我通常紧握球杆，在球杆顶端涂上壳粉，好像很懂行的样子，然后压低身体，找到母球和目标球呈一条直线的位置，用力一击。但我根本无法控制球的方向，眼见着球好像有自己的意志似的向与我所希望的相反方向滚去。我有限的几个进球也是因为巧合或纯粹的运气。到了呼和浩特，情况有所好转。约我去路边打球的朋友既热情又有耐心。其实也没指望谁是台球高手，重在参与和享受打球的乐趣。貌似很多人和我是一个水平——击球时相撞的两个球发出砰的巨响，但无论怎么努力瞄准球袋，台面上的彩球数就是不见少，一局球像是永远不会结束。人们显得十分悠闲，没有时间感。在等待轮到我击球的间隙，我有时会想，我的来生会不会就像这样，一直昏昏欲睡地玩着看似永远没有结局的台球游戏呢？

那些愉快地结束了球局的人，转身又走进附近的茶馆。不夸张地说，这里有几十家，甚至上百家茶馆，但每家都和别家不同。茶馆的老板们通过各种各样的方式表达着自己的个性。有些店家在墙壁上张贴西式海报，有些推崇简单冷淡的风格，有些用鲜艳的色彩装饰内里，有些则偏爱柔和朴素的色调。扭曲的霓虹灯被摆放成奇特的形状，它们发出的光在最近的物体表面投射出特定的图案。这些图案通常构成某些汉字或词汇。到了晚上，更是一片热闹的景象，大大小小的茶馆成了街头一景，极具动感与活力。小小的茶馆为了争抢生意，招徕客人的吆喝声一浪高过一浪。不过我去的时候，很少看见里头座无虚席——无论清晨时分还是夜半三更，茶馆总在开门迎客。茶馆里的茶也不是我常喝的茶，而是盛在碗里，用鲜奶沏就的砖茶。奶茶在巨大的茶壶中煮沸，冒着腾腾热气，之后一般放在石头上或明火上让其持续沸腾。茶馆不只是为了喝茶才去的地方，这里是让人平静的避风港，既舒适又放松。茶是咸的——在英国，我从来没有见到谁如此经常往茶里放盐而且还放糖。他们还在奶茶里加入炒米。刚开始，这些细小的谷物像子弹一样坚硬，在奶茶中浸泡一段时间后就比较好食用了。如果泡的时间长了，炒米会像层皮似的漂在奶茶表面。其他的小吃还有炒花生或煮花生、小碗的蒙古羊杂、不甜只咸的蒙古果子以及精致的蒙古奶豆腐。

羊奶、羊油、羊奶豆腐，这里的食物统统跟羊有关。

如果说，呼和浩特有一种中国其他城市没有的独特气味的话，那肯定是无处不在的各种羊膻味儿。无论是水煮羊肉、烤羊腿肉散发的浓郁香气，还是活羊和羊类制品自有的气味，羊膻味儿比比皆是。这说明了一个现象，从古至今，羊都在该地区的经济中占据突出地位。几百年甚至可能上千年以来，人们在一望无际的草原上放羊牧羊。我曾短暂地游览过城市周边的草原。如果一位盲人被带到这座城市，他能立刻判断出羊在这里有非常重要的地位。羊肉出现在每顿饭的餐桌上，羊皮和羊毛被人们穿在身上，几乎到处都能感受到羊的存在。这倒不意味着我会在城市里看到很多羊。最多偶尔能看见一两只羊被牧民牵着，为了某种目的带进城里。它们的存在是潜移默化的，人们知道它们，是因为从它们身上生产的各种制品，而并非它们鲜活的动物形象。

茶馆街和酒吧街没有明显的分界，取决于营业的时间，一些茶馆同时也是咖啡馆和酒吧。周五晚上开始进入周末，和地球上其他地方一样，大学周边变得热闹起来。学子们纷纷出来找乐子，要么唱歌，要么喝酒，互相交际。有些小团体开始一起合唱起来，还有的围坐一团，认真地聊天。冬天，天气异常寒冷，非常适合钻进这样的一个既温暖又有氛围的小地方，就像在极地般凛冽的严寒中找到一处既温暖又明亮的避难绿洲。夜晚，酒吧街变得光彩夺目，酒吧的外墙和窗户上张贴着特价和菜品的广告，流光溢彩，在夜色中十分显眼。我可以坐在这里读书、写东西，或者胡思乱想，一般没人打扰。生活在我身边继续，看似形单影只，但也不缺伴侣。

我在呼和浩特的时候从没见过下雪。但确实经历过能见度极低的浓雾天气，部分是污染造成的（有时晚上雾气也没有减弱之意），部分是因为寒冷。严寒到来之际，城市变了一种模样，城市里的人也一样。非人类的世界里，树木变得光秃秃的。冬天的日光下，建筑物都被照得明晃晃的。由于相对稀薄的云层和明亮的太阳，呼和浩特的阳光非常强烈——不仅刺眼，还会灼伤裸露在外的皮肤，同时也是导致这座城市异常干燥的原因。对于人们来说，冬季的影响更加明显。人们尽量在室内活动，外出时则裹着厚厚的衣物。街上仍能看见商贩，但也是身着层层叠叠的衣服，脚上还穿着厚厚的皮靴。脸也必须遮盖起来。寒冷的日子里连骑自行车都变得十分危险，即使技术最好的骑车人，也会因为地上的冰摔倒。我渐渐学会像马戏团的表演者那样一边慢慢地骑车一边保持平衡。我沿着马路边摇摇晃晃地向前骑，车向哪边滑我就往哪边去，顺其自然。你经常能看到有人滑倒，摔个难看的屁股蹲儿，因为他们没注意到地上湿滑的冰块并骑了上去。这在我身上发生过很多次。唯一的安慰是身上厚厚的衣服，保护我不至于摔得太严重。虽然很少受伤，但摔破衣服司空见惯。

冬季的几个月里，呼和浩特的生活主要是在餐馆、家里以及城市里有暖炉和集体供暖的地方度过。在一年中的某个特定时间，供暖开始了。在室内感觉不到寒冷，散热的暖气片非常实用。从室外进入室内,感觉是从一个极端进入另一个极端——就像从北极到了热带。当我坐在家里,有一种整个世界温暖如春的错觉。但当我看向对面的公寓,我能看到室外阳台上储存的大白菜和其他蔬菜,这景象提醒我外面的世界已经变成了一个大冰箱。在这片冰原之上,一种许多当地人喜欢喝的由大米酿制的高度白酒开始盛行起来——这酒不仅为喝下去的人暖和身体,还使他们情绪高涨,当然,第二天的宿醉会带走酒精制造的所有愉快感受。我在呼和浩特认识了一群朋友,几个月的时间里,当我和他们坐在小饭馆里一起聊天、大笑、唱歌的时候,我意识到,虽然初到时有诸多不适,但现在呼和浩特已确确实实成为我的第二个家。

我想每一位来到我所描述的这座城市的人,无论停留时间长短,都必须找到适应自身需求的方法。以我为例,刚来的最初几周内,我就找到了让自己感觉舒适的地方。我知道在哪儿能买到各种食品,在哪儿能买到食用油,在哪儿能买到卡式磁带(那时候它们还存在)。有时我还去小厅看放映的录像电影,都是从西方进口的最新大片。找到菜品美味的饭馆以及适合我的茶馆也是一项重要任务,但我很快就完成了。寻找并能找到满足特殊需要的途径,才是最困难的,有时需要一点儿运气。有一天,当我路过一排商铺的时候,看到一家面包店前面有一个举着蛋糕的卡通形象,这引起我的注意。于是我走进店里,发现他们卖一种点心,看起来像是涂了一层奶油的巧克力蛋糕。我品尝了一下，感觉还不错，没有令人不快的味道，吃起来咸咸的。多次拜访之后，我发现这家店卖的面包质量上乘——既香脆又好吃，而且都是新鲜出炉的。这是一个重大而又惊喜的发现。另一个奢侈的享受，是昭君酒店出售的西式巧克力，由于进口自一家澳大利亚生产商，所以价格十分昂贵。但是自我有了这个发现之后，每周我都要犒劳自己一回。

有时候，通过和别人聊天就能让我获取我想知道的信息。住在呼和浩特的外国人是彼此信息的来源。他们中有人听说包头本地有一家工厂生产优质的切达奶酪。这听起来难以置信。但是有一天，一位朋友从那边带回了一大块奶酪，尝起来味道很正宗。这块奶酪甚至有跟切达相同的刺鼻气味和松散纹理。奶酪被我小心翼翼地用锡纸包裹后放在了学校提供的冰箱里，几个星期才吃完。西方品牌食品是另一项发现——比如水果罐头和果酱，有时甚至能找到原产地进口的饼干和零食。一般情况下，如果我自己做饭，我会用家里配备好的简单工具进行操作——一个双灶眼的煤气灶、一个炖锅和一个炒锅。我首先找到的两种食物，是速冻羊肉馅饺子和方便面。饺子需要十分钟就能煮熟。而方便面产自中国台湾，在所有我去过的商店都很畅销。

我在新城市的生活逐渐有模有样起来。虽然我现在住在这里，但我一直很清楚，我始终是个过客。两年之后，我终会离开，或者回英国，或者去别的什么地方。对我来说，这座城市的形态，它不同区域展现的不同氛围，以及我为了理解它所做的努力，是一道我花费两年时间寻找答案的谜题。我在呼和浩特建立了自己的朋友圈和关系网。可以说，我住在那里的时候，那就是我的城市——是我地道的家乡的复制品，它的道路、小径和街区都是我喜欢的。但是，关于呼和浩特的真实生活，有很多东西是我没有发现的，所以我经常怀疑，我可能永远不会明白我所在的城市到底是个什么样的地方。欧洲启蒙运动鼎盛时期，哲学家伊曼努尔·康德曾经说过，世间万物有两种形态——我们感知的事物形态和事物本身自有的形态（他用现象与本体来区分这两种形态）。虽然听上去有点儿莫名其妙，但事实上，这正是我所经历的——呼和浩特像是我通过在那里的经历而重造出来的一座城市，是用我对它的各种感觉、对它种种场面的记忆，利用视觉、听觉和嗅觉感官搭建出来的一个复本———座真实存在的城市，一座我始终试图抓住、试图更深刻地理解的城市。在我所创造的城市里，真实似乎无法掌控——有时我会迎面碰到一面墙，但却找不到能穿过墙的出口，有时我想走到一条路的尽头，但似乎怎么都无法到达，有时我想翻过一座山，但却爬不到顶峰。

有一天，当我站在新开业的天元商厦前，我更加清楚地明白了这一点。商厦内部宽敞的空间、崭新的装潢和优美的环境，标志着当前经历的变化。中国人拥有比以前更强的购买力，正在追求更多的商品选择和更高的商品质量。那天是个工作日，我也没期待有什么不同寻常的事情发生。中国的新年刚刚过去，节日一直持续到春节过后一周，有时甚至更久。节日中的每一天都有不同的讲究，正月初一是其间最重要的日子，也是农历新年的开始。

商场门前的主干道上，一支游行队伍朝我这边走来——人们身穿节日盛装，还有人踩着高跷，装扮成明代著名小说《西游记》中的神话人物。《西游记》讲述了唐代高僧玄奘在大约7世纪的伟大旅程，他在三十年间历经千难万险，终将佛经和佛法带回中国。根据这部小说改编的电视剧经常在电视上播出，是一场充斥着鬼怪神通、仙神妖法的玄幻传奇。《西游记》是中国四大名著之一，其他三部巨著是《红楼梦》《水浒传》和《三国演义》。孙悟空是《西游记》的主角，常被叫作孙猴子。能看到打扮成孙悟空的人是最令人激动的。白天，这里是各种杂耍的最佳表演地，身着华服的人们构成了五彩斑斓、光怪陆离的节日狂欢。吹着笛子、打着鼓的人们从我身边走过，他们在音乐间隙还相互喊着号子。这支游行队伍似乎会永远向前走下去，男人、女人、虚幻的人物，各种各样的形象混杂其中。过了很久以后，他们才渐渐消失在远方。

我不知道是谁组织了这场游行，也不认识参与和观看游行的人们，但他们在我面前尽情释放着自己。在这座我短暂停留的城市里，他们每个人都拥有独一无二的人生故事。也许有些人和我一样，只是过客——来这里走亲访友，或离家来到这里工作。我真正意识到了呼和浩特生活的丰富性——我曾经只窥探到其浅显的一隅——那是老城区里人们独特节奏的生活、住在高校和大学里人们的生活、成千上万大小店铺里买卖人的生活、酒店和各种商行的生活、公务员的生活、地方官员的生活，以及教师、医生和其他社会人士的生活。呼和浩特就像一幅巨大的拼图，那天的游行队伍则像是拼图中大部分碎片的缩影，在我眼前徐行而过。

1996年的夏天，一年里气候最舒适的时节，在学习和教学两年之后，我离开了呼和浩特。学院里的人，还有我在那里结识的一群朋友，都来为我送行——他们热情地款待了我，举办了多场欢送会。呼和浩特确实改变了我的人生。我曾在日本待过一年，那时候的我更年轻一些，但并没有受到类似的影响，因为它无法在个人层面触动我。离开呼和浩特回到英国几个月后，我依然记得那里的严寒，怀念那里的人和物，以及与西方截然不同、挑战重重的生活方式。此外，我也记得和怀念住在医学院时晚上笼罩二楼公寓的静谧，以及天气转暖、万事皆休时坐在公寓里读书的悠闲。当我回过头来重新品味那段时光，我惊讶地发现那时的生活无比逍遥自在、无忧无虑——完全不像住在伦敦的人们，生活里满是奋斗和挣扎。然而，我不知道是否很快会有机会重返呼和浩特。

这些年来，去呼和浩特往往是计划外的即兴安排。我在北京做外交官的时候，曾回到呼和浩特，时间虽短，但足以让我见识这里新建的高楼大厦、时尚前卫的设计、夜晚流光溢彩的霓虹灯。我再回去的时候是 2000 年以后，中间间隔的几年，意味着翻天覆地的变化。人民广场周边的市中心，被重新规划和开发。坐落于人民公园对面的五星级酒店香格里拉，已经取代了昭君大酒店的地位。20 世纪 90 年代中期，开一家麦当劳，就像这家连锁店以其命名的地方一样，似乎是一个不可能成真的永恒传说。但是，到了 2006 年，整个城市里可以发现各种外国快餐品牌。最惊人的是，一批壮丽辉煌的摩天大楼拔地而起。连道路都被重新规划和设计，所以现在的市中心，我几乎都认不出来了。机场经过翻新，一条高速公路从北京直通呼和浩特，这意味着以前需要绕道石家庄奔波一整天的行程，现在只需要不到五小时。做外交官的时候，我乘车在这条高速上体验过几次，经常遇到新修的道路上车辆寥寥。每当这时，我感觉好像整个世界都是属于我的。

  因为呼和浩特的城市改造，那些我以前认识的老地方现在只能存在于我的回忆中。有一个周末，我决定住在昭君大酒店，这里是我做老师的时候认为最豪华的酒店，但现在只是一家普通的三星级酒店。两天的时间，我只是在城市里四处转转，不时在新开的咖啡馆里坐一坐，试图找到我以前常走的旧路。不知道为什么，我带着一本讲述 20 世纪 70 年代英国朋克摇滚运动始末的书——《英格兰的梦想》[1]。这项狂热、混乱的运动发生的时候，我还没到青春期，朋克摇滚以其狂野的活力和对权威、对规则的蔑视，冲击着英国听众的耳朵。我依稀记得，祖父母们谈起这种音乐形式的表演时满是惊恐。他们感觉文明已经毁灭，取而代之的是野蛮的新时代。当然，最终证明朋克摇滚也只是人们的一时狂热，并在几年后逐渐被电子乐等与计算机有关的音乐形式取代。而它们反过来也将被更多种类的音乐形式代替。

我记忆中印象最深刻的历史人物是这座城市的元代奠基人——成吉思汗·铁木真。这位伟大可汗的形象在呼和浩特随处可见。关于他的真实历史，大多发生在呼和浩特周边的广阔草原和平原上。有四个地方宣称是他的墓葬所在地。边界另一侧蒙古国的一个地方，宣称是他的出生地。作为世界上领土面积最大的帝国缔造者，他的军队抵达过欧洲的多瑙河。他在历史上留下了浓墨重彩的一笔，直到今天，他的故事依然引发人们的遐想。毕竟，"hoard"（积聚钱财）是英语里唯一源自蒙古语的词汇。弓箭手们骑在没有马鞍的马背上，占领中亚，进入中东，并一路向西，如神兵天降，这样的情景确实令人震撼。但是，成吉思汗及其继任者对其反抗者的暴力屠杀和蹂躏摧残，也一样触目惊心。在欧洲的历史中，成吉思汗是个伟大又可怕的形象，他更像是某种神秘的存在，

---

[1] 约翰·萨维奇：《英格兰的梦想：性手枪及朋克摇滚》，伦敦：费伯和费伯出版社，1991。

而非人类。因此，如果有一个地方单纯将他当普通人看待，并记录着他作为常人的点滴故事，这是十分不可思议的。在呼和浩特，他是这片地区的象征，是这里文化的象征。成吉思汗改写了世界的秩序，重绘了当时地球上各个国家的版图，所以他也使呼和浩特和内蒙古自治区在世界上声名鹊起。

  无论在历史上还是今天，成吉思汗的巨大影响都清晰可见。但是，由于他生活的时代十分久远，想要找到与他的真实联系并不容易——显然在呼和浩特也不可能实现，因为呼和浩特是在他死后几百年才建立起来的。我找到的最可能证明他曾在这里生活的证据，是一些宏伟的蒙古包的复制品，这种蒙古包可以拆卸移动，历史学家和考古学家认为，这种蒙古包曾是他居住用的。在城市北部有一个这样的蒙古包，既是饭店也是旅游景点。夏季的周末，游客们可以到这里来，一边吃水煮羊肉一边欣赏呼麦表演，晚上就住在草原上的小型蒙古包里。但是，对我来说，1995年在新疆的旅行，让我真正感受到了他的存在，我感觉到了围绕着他人格的光环所产生的力量。那实在是一次难忘的旅行——我在北京开往乌鲁木齐的火车上度过三天三夜后，立即从乌鲁木齐换乘卧铺大巴前往中国和巴基斯坦边境附近的喀什。回到自治区首府，我又去了美丽的吐鲁番绿洲和附近的天池。在这之后，我乘坐一整天的火车抵达位于新疆维吾尔自治区东北部的巴音郭楞蒙古自治州。就是从那里乘坐八个小时的火车回来的时候，有人建议到明代著名小说《西游记》中提到的火焰山去。火焰山附近有个不大的景区，我们进去看了看——那是一座废弃的城池，有高高的夯土墙，还有被攻陷后留下的痕迹，当时的进攻让这座城池遭受了灭顶之灾，之后就这样被荒弃了七个世纪。在英语文学传统中，以失落之城为主题的创作非常普遍。盎格鲁-撒克逊人的史诗《废墟》就描述了这样一个令人难忘的故事。公元5世纪，随着罗马人的撤离和欧洲大陆移民的到来，一个个城市渐渐衰落破败。我的家乡最重要的城市是坎特伯雷，在那里考古学家发现了时间跨越公元四百年到约公元五百五十年的深色土层。这一期间，这座城池似乎被人遗忘，浴场和竞技场这样的大型建筑业已垮塌，只有少数人居住在它的残垣断壁之间。[①]这座城市的撤离完成得十分彻底——也就是说，在之后的几个世纪里，这里留下的大量遗迹基本没有受到破坏。蒙古征服者带给了周边国家无法磨灭的记忆和长久深远的影响，从把腐肉投放至被围困的城中散播疾病以削弱城内的抵抗力量，到发展弹道装置，他们在战争的艺术中进行了创新。这些对于成吉思汗在历史上的重要意义的证明是真实的，即便在现代化的呼和浩特也是如此。因此，在餐馆、酒店、商业街，甚至在羊毛编织的地毯上，都能看到成吉思汗的面孔默默地盯着前方。

然而，这座城市留给我最持久的记忆，并非它的城市布

---

① 见N.克萧：《盎格鲁-撒克逊及斯堪的纳维亚诗篇中的废墟》，剑桥：剑桥大学出版社，1922。

局或历史关联,而是它的人民。这里给我留下深刻印象的人数不胜数。其中最重要的是一位书法老师——这位老先生每周三早上会到我公寓来,教我用毛笔蘸着墨汁写字。王先生在学院里当了很多年图书管理员,现在已经退休。他以前教过一些外国人,但教英国人还是头一次,所以他喜欢和会说普通话的外国人聊几句。虽然周遭喧嚣热闹,王先生却表现出不可思议的平静。他似乎对什么事都不慌不忙,对什么事都心平气和。最重要的是,他写出来的字非常漂亮。我尝试着模仿最简单的汉字,比如只有两三个笔画的"人"和"大",但最后写出来的东西,我自己都能看出来,就像刚学习写字的小孩子写的一样歪歪扭扭。英国的学童学写字的时候,尤其是之后学写连笔字的时候,通常会选择划分出细小格子的纸张,每一个格子内对应字母的不同部分。于是,我挑选出几个汉字,想用同样的方式练习。尽管我集中全部精力,但是我的笔好像一直没法平衡似的,写出来的笔画堆挤在一起,不仅毫无美感可言,甚至有些惨不忍睹。

王先生谈了很多关于平衡和姿态的重要性。他说,这就像一个人戴着一顶帽子,如果从一侧向下拉得过多,就显得偏向一边。如果又向另一侧拉得过多,那么帽子看起来就好像要从头上滑下来似的。他从写下的每一个字里追求书法的流畅性,从每一笔一画里寻找汉字最佳的比例和平衡。他告诉我,其中的秘诀是正确的体态。他几乎只坐在桌前的椅子边缘上,用一种特殊的方式把笔握在食指和拇指之间,轻轻地将笔蘸上黑色的墨汁，同时确保墨汁不会过多，否则会在纸上留下多余的墨点，然后，以另一只手为支撑，让笔触在纸张间慢慢游走。笔触轻的时候，写出来的笔画就细，稍微用力，就能写出更粗犷的笔画了。通过这种方式，王先生让我了解到，英文和中文在书写形态上是迥然不同的。王先生对英国的情况兴趣甚浓，但他从来没有表现得过于热切而让我感到强人所难。可以说，他的生活一直与书籍为伴，与他结识使我通过一个普通人的生活深切了解了中国文化的博大精深。

多年之后，我尝试找他的家，但没有找到。城市的变化太大了——道路布局完全改变。我只好躲进一家路边的小咖啡馆里，不得不面对一些东西正在消逝的事实。随着生活日复一日地延续下去，一个人能够对事物形成认识，结交各色人等，对此我们只能心存感激。我最后一次到呼和浩特是作为顾问和一群外国官员一起去的。我们参观了蒙牛牛奶厂，与我第一次来呼和浩特的时候相比，整个牛奶厂看起来充满了超现实的未来感。然而，变化最大的是博物馆，它从城里一座白色的两层小楼搬到了机场路上的现代化大楼里。

我一直以为呼和浩特的历史只能追溯到清朝，而这里的两家博物馆则向我证明，它的历史要比我认为的漫长得多。这些历史信息埋藏于地下，需要用千年为单位衡量，而不是百年，甚至久远到人类和他们的影响还没有出现。这历史是由几乎完整的骨骸拼接成的，这些骨骸完好地保存在遍布该地区的沙漠里。这历史也被记录在深入地下的不同时期的岩层中。一位医学院的同事无意中让我认识到这一点。当时他询问我,是否愿意将他为国际学术会议撰写的一篇关于该地区地质情况的论文翻译成英文。我欣然同意。由于专业词汇较多,我几乎一个词接一个词艰难地查阅了整篇文章。就算我在字典中查到了某个词,我也依旧不懂它的意思。但是这篇文章让我知道,这里是一个地质资源丰富的地方,并且这一事实已获得国际上的认可。

博物馆旧址在城市中心,规模较小,主要展厅里只有一头完整的猛犸象骨骼化石。而在新的博物馆里,沿着一系列的展厅往前走,能看到无数类似的、组装完好的古动物化石。最后映入眼帘的是一头雷龙的化石,也是博物馆里最大的动物化石,它有着巨大的尾巴和细长的脖子,肋骨包围着洞穴一般空旷的腹腔,其空间之大,放进一个20世纪90年代的奶茶馆绰绰有余。站在这里让我对时间产生了思考。我猜想,世间有两种时间。一种时间是猛犸象所在的史前时代,这段时间是如此的漫长,所有的转变是如此的缓慢,它的浩瀚无限让它几乎成为永恒。另一种时间是人类生存的时间,在短暂的生命里书写着历史、承接着叙事,这段时间更加紧凑,转瞬即逝。从对一种时间的思考转向对另一种时间的思考——努力联系到指导着人类日常生活的深层运动和结构,同时又从沉醉于更为虚无缥缈、更直接的事物中不断地分心出去——是难以想象的。但是两种时间并不是完全割裂的。它们是同时存在的，相伴相生，水乳交融。

在很多方面，呼和浩特都成为我过去岁月的一部分，既独特又现实——我和它的联系根植于我的记忆里，而非产生于任何现实的需要。但是，它在我人生中所起的重要作用不言而喻，而我也对它一步步的发展了如指掌。每当我回想起呼和浩特的时候，它不仅仅是一个我曾居住过的地方，也是一个持续对我产生影响的地方。呼和浩特是我最初了解中国的地方，它也让我领悟了在中国生活的要义。

第二章
北京

北京比呼和浩特面积大，同时也比呼和浩特更重要、更为世人所知。但是两座城市有一点明显的相似之处——天气。冬季的中华人民共和国首都极其寒冷干燥。而到了夏天，北京会出现呼和浩特没有的极端天气——有一次，我赶上四十摄氏度的高温，天气实在太热了，人在外面就好像站在蒸笼里。像呼和浩特一样，北京很少下雨，但一下就是倾盆大雨。冬天也可能下大雪。

尽管如此，北京每年有两段时间，气候十分宜人。这是我最喜欢的时光，可以让我开始探索这座城市神奇的魅力。早春4月，日暖风和。夜晚天气微凉，但白天气温能达到二十摄氏度至二十五摄氏度。春日里，绿树萌芽，市区里到处散布着公园,我可以坐在公园的树荫下,想象这里的历史和曾经住在这儿的人们的生活。而在10月末的秋天,同样令人愉悦的气候回归。夜晚是凉爽的,白天打开的空调用不着了,而且也还没冷到必须穿外套。傍晚时分,沿着颐和园的湖边漫步,你可以感受微风掠过香山迎面吹来——天气好的时候,香山触目可及。游客们一般在下午四点或五点左右离开。每到这时,随着薄暮渐起,精心装饰的步道好像只属于还坐在那里的人。这种时候非常适合冥想,重新思考自己与内心深层世界的联系。超过一千五百万人口的熙熙攘攘的北京城,似乎变得十分遥远。这一刻的北京,仿佛是一座安宁、静谧的庇护所。

对我而言,北京是我经常往返的地方。1991年,我第一次到中国,便是来这里。晚上,飞机在首都机场第二航站楼降落。那时,第二航站楼刚刚落成。我乘坐出租车去了一个几乎完全被黑暗笼罩的地方,因为那里的路灯寥寥无几。由于这是第一次来到一个完全陌生的地方,无论我遇到什么,都感到既神秘又不可思议。当然,之后再来北京,这种印象就渐渐消失了。1994年,我从北京转车去呼和浩特。这时的北京正在进行新一轮的大兴土木。和1991年相比,城市灯光更多了,一座座摩天大楼拔地而起,大街上车水马龙。乘火车去呼和浩特之前,我曾经工作过的组织安排我在北京短暂停留了几天。由于大部分时间都在四处奔波,我便有机会和同一项目的朋友乘坐面包车。面包车当时在北京十分常见,十元钱十公里是标准定价。但是，因为污染严重，面包车很快被淘汰了。那一年，我到北京的时候是八月，天气非常炎热。地铁刚刚开始建设，我想去的地方附近往往没有地铁站，十分不便。因为那时候我的预算有限，不得不选择最便宜的出行方式，所以从一个地方到另一个地方常常很辛苦。我2000年再回来的时候是1月初，无论我还是这座城市，都有了变化。这一次，在未来三年半里，它将成为我的家。这意味着我需要更加了解它的布局，并精心安排我在那里的生活。

事实上，从2000年至2003年，我作为英国政府官员——一名外交官——在离日坛公园不远的光华路工作。那里曾是英国前公使馆的驻地，不过现在是大使馆了。大使馆建筑外墙是粉红色的，显得内敛含蓄。它所在的街区十分古老，所以它也彰显了这些街道承载的沧桑。大使馆的主要资产是一个室外游泳池，以及一个室内的、被称为"本"（大本钟的简称）的英式风格酒吧。然而，随着周边地区的商业化发展，人们对这两样"奢侈品"全然没了兴趣。因为更高档次、更摩登的泳池和酒吧到处都是。

大使馆往往是一个国家的缩影，因为大部分的工作人员都来自那个国家。所以在这样的地方工作，仿佛过着双重生活。一重是你在母国的生活，另一重则是你在现在所在国家的生活。也就是说，在这里工作的人不得不适应两种身份。一种身份是为了工作，而另一种身份是为了走出使馆大楼后能够融入生活在这座城市里的人们。有一件逸事，是在我来光华路之前曾在那里工作过的一位同事的——她抵触融入北京的生活,甚至在任期内都没去参观长城、故宫这样的标志性景点。虽然人们说起这件事时,都带着点儿玩笑的口吻,但很明显,大家对她的做法颇有微词。一个人住在世界上最伟大的城市中心之一,却想方设法将自己封闭起来,不受影响,也不产生关联,这是件怪事儿。她一定为此费了很大的劲儿。

那些年,除了我工作的使馆和使馆外的家,对我来说,还有另外两种常去的地方。北京是一个开放的、宏伟的政治中心。北京的道路平坦宽阔、四通八达,架构起城市的空间布局。其规模之大,连 19 世纪中叶由奥斯曼男爵 (Baron Haus-mann) 改建的巴黎大街都要自惭形秽。道路两旁矗立着许多高大的公共建筑——有政府机关、星级酒店、购物中心。刚刚于世纪之交开业的王府井东方广场就是其中一个大型购物广场。这是一个商场、办公楼和酒店集中的区域,但是游览起来往往让人筋疲力竭,因为在地图上看起来很近的距离,实际却非常远。这种空间的特点是,人们要么从这里经过,要么在这里专注工作,但他们几乎没有意识到曾在这里停留过。在这样的空间里,人们几乎不可能偶遇认识的人,即使偶遇,也很罕见。与之相对的是一些小城市,遍布着小巷、胡同、公园和可以坐下来休息的地方,人们无须一味地快速向前走。在这里,你会发现同样的人每天都做着类似的事儿——孩子们和家人一起玩耍,老人们清晨或傍晚锻炼身体,街边市场每天按时出摊。这是一个相对稳定、静止的世界，它向四面八方蔓延着，一个更加庞大、更加疯狂的世界，铺盖在它的上面和上方。

北京的规模之大，让我很难区分城市不同的区域，并对它们产生情感。我经常去的某些地方，没到过之前会先对其产生期望和先入为主的印象，有时候甚至是偏见。故宫便是其中之一——俯瞰天安门广场，你会发现在城市的中心有一片古代建筑群，就像是在城市中修建了一座小城。诚然，这一区域承载着厚重的历史记忆。它是自明朝以来帝国统治者居住的地方。这片建筑既是他们世界的象征，也是他们明示权力的方式。此外，正确理解这些建筑的象征意义，对我来说也是个难题。很多时候，走在这座气势恢宏的宫殿中，我觉得，我这样的外国人，就像是一出由异国语言写就的剧本或故事中的角色，我不懂它的语言，也搞不明白情节的走向。我的这出剧，纯粹是通过亲身所见所感而留下的印象。

当人们继续深入游览这座复杂的宫殿时，会发现里面的空间影射了一种更加随和的生活方式——所有的房间都以适宜家庭生活的方式布置，少有隆重的装潢，更侧重房间的礼节和会客功能，如接待外国客人、宗亲和朝廷官员。宫内的花园，精致雅丽，当你走入其中，会不由自主屏住呼吸。到紫禁城游览的人非常多，他们大多来自中国的其他地方。但在这些花园，游客的数量骤减。每一次来到宏伟的紫禁城，我都能发现更多隐蔽的地方，或者找到一些此前没注意到的区域。这使得紫禁城成为我认识外围世界的一个缩影，它的建筑是对世界观的反映，也体现了对自然宇宙秩序的看法。它们与我所在文化背景中的建筑全然不同。

长城则分散各处，主要有三处遗址，距离市中心一小时至两小时的车程。等我有了自己的车，去长城就方便多了。新修的马路蜿蜒曲折，通向城市北部和西北部的山区，一路上不断爬坡，直到很高的地方。八达岭长城最有名，交通也最便利。但是，对北京人来说，是最没有吸引力的长城，因为这里游客多，经常人满为患。慕田峪长城虽然远一些，但是更受北京人青睐。不论我自己去，陪客人去，还是约三五好友一起去，都会尽量在相同的时间抵达那里。这时的慕田峪长城有一种安静的魔力——长城上连接各个垛口的步道，很快分散了大量游客。当我蹬着石阶爬上长城最陡峭的部分时，经常发现只有我一个人。我会找个地方坐下来，观察周围的树林，或者长城边贫瘠的土地。

到慕田峪去的短途旅行很特别，不仅因为可以参观长城，还因为旅途中的所见所闻。路上常常经过卖鱼的饭馆，有的饭馆还会向你推荐可以亲自钓鱼并烹制的地方。有些路段沿深谷而建，因此会在道路边缘修葺一溜矮墙，防止小汽车和大巴车翻下山谷。除此之外，还有一条小河和一个湖泊。无论我和谁在一起，到达长城的时候总能目睹他们翘首以盼的神情，而那些从没到过长城的人尤甚。但无论从售票处爬到长城脚下，还是坐上缆车，远离地面驶向第一个垛口，都需要一些时间。对于外国游客来说，看懂长城意味着要理解很多新的东西——沿着今天中国领土的北部修建的慕田峪长城以及其他地方的长城，曾经守护着怎样的帝国，又面对着怎样的疆域。认为整个长城都是同样的结构，修建于同一时期，而修建长城是为了相同的目的，或者抵御相同的敌人，这种想法是不可取的。还有其他的长城——虽然也被称为长城，但在建筑形制上却完全不同。在内蒙古，我见过这样的长城——由于风化严重，只剩下一条古老的脊状物，可以明显看到泥土夯筑的痕迹。它时而从地面缓缓升起，时而消失于其中。北京附近的长城具有标志性——它由砖砌成，保护得比较完好，逶迤蜿蜒，彰显着自己的地位，其历史可以追溯到几个世纪前的明朝。继续向东，长城延伸至渤海之滨的秦皇岛。秦皇岛的情景更加令人难忘。长城到达尽头，直通入海。而在更远的西部，那里长城的历史可追溯到秦朝，中国第一位皇帝所在的时代。长城的修建跨越了如此漫长的时间，无论是它们曾经面对的中亚地区，还是由它们分隔开来的内外两个世界，都已发生翻天覆地的变化。那里的地缘政治早已被重新划定。修建长城的原因也是多种多样的——有的为了划定领土边境，有的为了彰显帝国实力，有的为了抵御外敌。因此，不能一概而论。

众所周知，红色砖墙在视觉上是十分壮观的。但是，从慕田峪长城下来向出口走的时候，看着周围树下棕色的、干燥的泥土与主体建筑的颜色相映成趣，这常常给我留下深刻的印象。有时候，我能听到鸟鸣，甚至能看到鸟儿的身影，或在枝丫间穿梭，或直飞向天空。如果时间充裕，我会在树林中多走一会儿，寻找其他动物的踪迹，在宁静中思考我所处地方的历史和意义。北京周围别的长城有着不同的特征——它们有的没有被修复，游客也少，想在上边行走也比较困难。然而，还是会有游客在这里徒步，另有一些游客会在附近露营，更有少数勇士会沿着长城的路径从东一路向西。虽然长城多被修建于偏远的地方，但它从来不是一个遗世独立之地。

我关于慕田峪的一次美好回忆，是和一位朋友一起去的。我们到达慕田峪时天色已晚，刚好赶上最后的售票时间。那是在10月份，北京一年之中最有魅力的时节，秋高气爽的日子里，整个城市和市郊都似乎变得平静和安宁。路上几乎没有车——也很难看见什么人。长城入口处有一个空旷的停车场——大多数人在上车正准备离开，而不是进来参观。上行的缆车上只有我们俩——到了长城上也是如此。天色越来越暗，周边的景色越来越模糊，渐渐退入巨大的阴影中，被无边的黑暗笼罩。最触动我的是那里的寂静——万籁俱寂，既听不到汽车的声音，也没有似乎无处不在的人类的声音，甚至连动物也看不到。长城向两端延伸，城墙上的路迅速遁入黑暗中，隐匿于沉沉夜色。为了赶当天最后一班缆车下山，我们只停留了二十分钟。这次的经历让我知道，虽然人们都知道白日里的长城是什么样子，但当夜色降临，暗影重重，长城会变成另一个神秘的、引人遐想的地方。

城市中心有许多焦点区域,这些地方曾用来限定城市的规模和布局。2000年之后的几个月,我曾尝试将它们都转一遍,或者重游我已经去过的一些地方。许多时候,我是和家人或朋友们一起出游的。在这种情境下,北京的景观、首都的见闻,成为刚刚来到中国的人们认识和深入了解这个国家的途径。天坛这样的地方常给人一种陌生感。这些地方首先让人难以理解,然后也无法向其他人说明。诚然,主建筑周围的园林和花圃没什么奇怪的,但是位于中央的巨大圆形建筑,以及一系列附属建筑,往往让人第一眼看时摸不着头脑。这建筑与复杂的皇家仪式相关联,仪式是如何举行的?谁会参加仪式?他们的目的是什么?有一件事是可以肯定的,当你觉得开始理解它的时候,首先明白的就是它很难被归类。天坛不是佛家寺庙,与我在呼和浩特见过的佛寺不同,它的结构形制也和欧洲的教堂不一样。它代表了一种独特的信仰体系,而这种信仰体系形成于一个成熟、复杂与西方世界完全不同的社会秩序中。

在呼和浩特,作息时间比较松散。每周只上几小时的课,剩下的时间由我自己支配。在北京,人们需要遵守标准工时。大多数外交人员住在指定的公寓。最早的外交公寓建在齐家园和建国门,紧邻二环路和明朝的天文台。二环路是以前古城墙的所在地,这些城墙在20世纪50年代被拆除了。这边的公寓规模很大，一栋栋公寓楼，配有专门的接待区和办公区。我有一些同事住在这里。我则住在另一个建筑较新的地方中国国贸大楼。国贸对面是一片酒店区，这里是20世纪90年代早期最先开始发展的地方。在呼和浩特时我就知道这里，有时坐着夜班火车过来，清晨便抵达不远处的北京站。北京站宽敞并且永远繁忙。然后，我会在附近找一家西餐厅，回味一下家乡快餐的味道。1996年回英国之前，在北京的最后几天，一位美国朋友亲切地让我借住他的公寓，公寓里的装潢、电视的尺寸以及空调，无不体现出现代感与奢华的格调——公寓里甚至还能收看英语的电视台。

2000年定居北京之前，我以商人的身份在北京进行过几次中转，到这个国家各处采购食品。曾有过一段印象深刻的行程：我从香港到福州去查看芦笋制品，又从福州坐火车去广西的南宁考察菠萝，那里种植菠萝，并进行加工和出口。参观了南宁的果园、竹林，体验了南宁的亚热带气候后，我继续前往东部的杭州，去看现代化工厂养殖的荸荠。这家工厂生产的素食食品，是我吃过的最好吃的。从那里出发，我接着坐车去了位于安徽省中部的省会城市合肥，又从合肥乘火车一夜之间到了太原。太原位于北部省份山西省的腹地，也是这个国家重要的历史中心之一。我被带去太原的核桃种植农场，得知这些富含油脂又美味的核桃将在这里被制作成世界上备受欢迎的产品。这里的人们也种大蒜，多制成蒜粉或干蒜片出口。接着，在呼和浩特稍作停留后，我回到北京，坐在国贸的一家牛排屋里大快朵颐,一洗之前长途旅行的疲惫。仅仅两年之后,这里竟成为我未来生活了三年半的家,而我的身份也是全然不同了。

从国贸到使馆走路只需要几分钟。每天早上,我乘电梯抵达豪华的大理石门厅,然后步行至光华路。光华路是一条东西方向的大街,沿着这条路过几个十字路口就能看到大使馆了。就是在这样小小的一片天地间,我能闻到各种各样的气味。无论是小吃店里供应的早点,还是沸腾油锅里现炸的油条,都散发着强烈而浓郁的香气,因为许多人喜欢在上班的路上吃。还有一些气味更加柔和、转瞬即逝:或许是顺着某个房子打开的窗户飘出来的若有若无的檀香,或许是某个赶去写字楼上班或者赶赴当天第一个约会的人走过时留下的香水味儿。即便在冬季,水果摊也带有自己的香气和味道。路的两边到处都是自行车,我不得不绕着它们走,有时还会踩到马路上去。早上的车流不断,车辆有时候会鸣笛,经过主要路口的时候尤甚。不可思议的是,大部分时候车辆还是有条不紊地前进。一年之中,随着时间的变化,空气也具有不同的特征,而这不仅仅是气味的差别。冬天,空气非常干燥,当你碰触金属物的时候,往往得承受静电导致的细微冲击。到了夏天,空气变得潮湿,光线可能白亮刺眼,这时候就需要寻找街上有阴影的一侧走,或者绕路沿着更背阴的小巷走。使馆周围的小巷子非常安静。在最炎热的天气里,当务之急是找到一个个由空调营造的凉爽绿洲。即便从最小的铺子门口经过，我也能感到一丝屋子里流窜出的冷气，仿佛池塘里的凉水轻拍在我的皮肤上。

大使馆，也就是通常我在早上的目的地，其内部的装饰比较别致——雪白的墙壁上悬挂着皇室的纹章，每当我进门的时候都能看见它正对着我。使馆里冬暖夏凉，大部分时间很宁静，仿佛没有其他人在那里工作一样。我的办公室在一层走廊的最里头，除非有人特意过来找我，否则一般不会有人经过。在办公室里，如果坐在桌子前，我向外可以看到前边的小院子，院子里有几棵树、一堵墙，还有几辆停在屋棚下的自行车。有时候，会在室外举办活动——比如官员间的会晤、来访者的招待，或者只是做些汇报。到使馆来的，有些是中国人，也有英国人和其他国家的人。他们中大部分是和我一样的外交人员、记者、来自中国或外国的同事和朋友。只要情况允许，我都会尽可能多地游览这个国家的其他地方。毕竟，北京不能代表整个中国。

北京明显的是一座人工建筑的城市：楼房、道路、地下通道、购物中心、餐馆，随处可见人造的痕迹。与此同时，人们也在尝试着保留或模仿（虽然过分被人为干涉了的）自然环境。公园是这一做法的主要体现。在公园里，我拥有思考事物的空间，可以观察生活在城市里的人们的生活。人们将公园视为自然之地，因为这里没有车辆，只能步行，并且只能白天到公园来。伦敦的公园通常表达着这样一种理念，即处于人造场所之间的自然世界。但是这种人类和自然非此即彼的观念过于绝对,由于建立在大量简单化思维的基础上,其结果就是形成没有任何过渡的两个极端。伦敦和巴黎的知名园林,多是特定的人类观念的产物,这种观念追求自然界的理想形态——一个文明的、有序的、可控的世界。这些园林的建构,是以哲学和社会学思想为支撑的审美趣味为基础的,是以什么是美、什么是真同时又与这样的审美趣味相吻合的思想为基础的。尽管英国的景观以美丽和"自然"闻名遐迩,但其实已经被人类设计、控制和优化了几个世纪。因此,即便看起来最原始的森林,或者专门保留的公园和草地景观,里面的树木、灌木和绿植也不是自然生长的,而是人为干预、精心设计的结果。[1]

我发现,北京的公园是展现当地社会和文化特色的绝佳场所,我在公园学习到的比在博物馆和展览馆还要多。如果去公园的时间不同,看到的东西也不一样。在公园里能看到老人照看自己的孙辈儿,也能看到只是在锻炼的老年人。到了下午,老人们有的打太极拳,有的凑在一起跳舞。使馆附近的日坛公园有一位老人,他手持长长的刷子,蘸着清水在步行道上写字——无论是短词、长诗还是骈句,随着地上清水慢慢地蒸发而逐渐消失,就像我们短暂、稍纵即逝的人生。公园里不仅有美丽的景色、运动的人群,还充斥着各种声音。

---

[1] 有关这一过程的精彩描述,以及人类活动对英国景观无处不在的介入,详见著名博物学家奥利弗·瑞克汉姆:《繁茂之地》,伦敦:柯林斯出版社,2010。

人们有时候会在公园里唱歌，通常是唱京剧，也有人在公园里拉二胡——一种演奏传统音乐单弦的乐器。日坛公园的空间划分和北京其他公园差不多——进入大门之后是一个连着一个相对封闭的小区域，散布在占地更大的祭祀区旁边。有一个地方是由石头堆砌起来的，这些石头因其自有的孔洞和人工的雕琢而呈现出各种各样的姿态。还有一个地方，是一片暗影重重的竹林，这里的植被实在太茂密了，走在层层叠叠的枝叶下边，即使白天也昏暗得如同夜晚一般。每隔一段距离，就能看到一片树林。此外，还有一汪水塘，色彩斑斓的鱼在水的表层游动，很容易就能看见。日坛公园的中心和周边有一些茶馆，还有一家餐厅，我经常和朋友到那里吃午饭。

我去过的公园各具特色，要么是公园里的景观与众不同，要么是发生在公园里的故事令我记忆犹新。在永远人潮如织的故宫两侧，有两个朝向天安门广场的小门。西边的是中山公园，以1911年至1912年清王朝覆灭后中华民国第一任总统孙中山的名字命名。对于一个位于如此中心区域的地方来说，这里安静得让人惊讶，里面几乎没什么游客。最值得一看的是公园中央的古代建筑，但是必须沿着迷宫般的小径，穿过所有公园标配的草木、池塘、奇石组成的景观才能发现它。这些地方最主要的功用是充当音乐厅，然而我从没见到任何演出，也没发现有人来这里参加音乐活动的迹象。冬天，这里便展露出独特的魅力——公园的后方有一条河，你能看到冰冻的水面环绕着故宫庄严肃穆的砖墙。有时候，我在公园里会想，如果我把自己藏起来，一直等到公园关门会怎么样呢？那样，整个公园都是我的了。即便如此，有几次，虽然是白天，但公园里仿佛只有我一个人——在一个拥有超过一千五百万人口的城市，在它的最中心，却只有我一个人形单影只。

北京公园众多——规模大小不一，多修建于主要的建筑物周围。我在那里的时候，新的歌剧院还未竣工。这个建筑，外部覆盖着巨大的玻璃穹顶，内部有几十个不同规格的音乐厅和表演场所，东西南北分散在完全可以修建湖水和草地的几公顷大的地面上。当然，如果想远足的话，可以去颐和园，在那里度过一个下午，听着湖水拍打大理石步道的声音，看着鸟儿们在湖面上下翻飞，甚至能待到夜幕降临。

当周遭的车水马龙、纷繁喧闹让人筋疲力竭的时候，车辆无法进入的公共场所就成了可栖身之地。汽车开始主宰城市的交通。当我骑着自己买的自行车出行的时候，有那么几次，我感觉比在呼和浩特骑车还要令人害怕。马路更宽，距离更远，虽然速度不快，但交通情况更糟糕。走路出行也不太容易。北京奥运会时开通了多条新的地铁线路，但在此之前地铁站与站之间的距离非常远。我对公交车线路不熟悉，也从没敢乘坐过。因此，当我选择步行的时候，沿途的商场、酒店大堂和大型博物馆之类对公共开放的区域就成了我的庇护所，可以让我坐下来稍事休息，同时观察周围的事物。我住的公寓对面的国贸大楼,地下有一个室内溜冰场,这里很受欢迎,在很大程度上是因为很多人有与我同样的意图和想法。当然,也有人纯粹把看别人滑冰作为消遣,从完全的初学者到在我看来几乎是专业水平的溜冰者,在冰场上都能找得到。同一冰场上水平参差不齐的滑冰者,也很好地说明了中国人的多样性——即使在同一个领域、同一个空间的人们,也存在很大的差异。有一次,我看到一个男孩几乎是从冰面上爬了过去,他四肢摊开,小心翼翼地控制着方向和身体前倾的角度。一群水平更高的人熟练地绕过他向前滑去。他们之中有一个女孩,看起来就比男孩年纪大一点儿,她像是参加过世锦赛决赛似的,转着圈儿从他身边经过。人们的耐心引起了我的注意,对于滑得好的人来说,有时候前面有人摔倒或滑得太慢会显得很碍事,但是没有人表现出不满和愤怒,起码从他们的反应和行为上看是这样。给我留下印象最深的是,真正滑冰技术高超的人们在受到周围新手造成的影响时脸上满不在乎的表情。他们继续向前滑着,脸上毫无波澜,好像什么都没发生。我知道如果自己在冰场上会是什么样子——笨手笨脚,难以保持平衡,因为恐惧而紧紧握住冰场尽头的栏杆,然后羡慕地看着才华横溢的人们毫不费力地从我身边滑过。

还有一个我经常去的地方,那就是北京饭店,虽然更换了外观,但我依然对它很熟悉。1991年,我第一次到北京的时候就是那里的常客。这家餐厅深得我的信任,因为那时的我几乎不认识任何中文，而这家餐厅提供英文版的菜单。如今的北京饭店由多栋建筑构成，贵宾楼饭店位于最西端，作为外交官，我们经常将贵宾安排在这里入住。贵宾楼最值得推荐的地方是顶层的酒吧，即便在最炎热的日子，到了晚上这里也是凉爽的，而且还具备俯瞰故宫的极佳视野。故宫的主建筑在树木的环绕中若隐若现，尽管渐渐隐于黑暗，但零星流露的灯光暗示了这座宫殿的壮丽和雄伟。当时坐在酒吧里，我对北京的城市布局有了新的认识，那便是，出于对古代建筑的尊重，城市中心区的建筑不得高于故宫内的建筑。但是，事情发展得实在是太快了，稍远一些的西部地区现在已经建起高楼林立的金融区，每到夜晚时分，写字楼耀眼的灯光连地平线都照亮了。

自1949年起到20世纪70年代末期，陆续有一些西方人拜访中国。贵宾楼隔壁的北京饭店，就是最早接待外国人的酒店之一。我认识一些曾以代表团形式到过北京的英国人，其中一个是20世纪80年代初在北京工作的记者，他们当时就被安排住在这里。北京饭店是当时极少数获准接待外国人的地方，所以整个饭店感觉上更像是专门开辟出来的管制区。然而，仅仅数年之后，我也可以在那儿住上一晚。时间大概是在2009年左右，我一时心血来潮，想看看北京饭店是什么样子，于是在网上预订了一间标间。酒店的装潢很普通，和中国其他位于大城市中心、接待商务人士和游客的酒店差不多。但是，天花板高度和这个地方的环境，与我住过的所有酒店都不一样——如今，精心挑选的厚重窗帘，也无法完全阻隔外边大街上的灯光和来往汽车的声音，即使到了午夜也是如此。住在这里，让我觉得好像一直站在繁忙的十字路口中央似的，被各种沉闷的噪声包围。

另一个对我有特殊意义的酒店是北京友谊宾馆，位于三环边上，当时差不多算是城乡接合部的位置。现在，随着北京城市范围的扩张，许多大学、商业区和购物中心纷纷入驻于此。友谊宾馆建成于20世纪50年代，那时候苏联向中国派驻了一批专家。两国政治决裂之后，友谊宾馆成为络绎不绝前往北京的各国人士的下榻之所。到了20世纪90年代中期，我就职的组织在中国的总部和办公地就在这里，因此，当我来到北京后，这里就成了我时常去的地方。我喜欢这个地方——主体建筑周围的低矮附楼既素雅又精致，和牛津大学、剑桥大学的学院方庭有异曲同工之妙。建筑之间有数个小型花园和运动场，还有一个巨大的奥运会规格的游泳池。继续往前走是一栋传统的中式建筑，也可能是现代的仿古建筑，这里是酒店的大堂和餐厅所在地，内部十分宽敞。如果我想到这里来，着实要费一番工夫。21世纪的最初几年，北京还没有便利的公共交通网。但要是开车的话，就容易多了。直接从国贸上三环，沿着三环一路向西就可以到达。停车也很方便，那时对停车还没有什么限制。

每次我去友谊宾馆的时候，要么坐在酒店大堂的咖啡厅看书，要么去一侧的酒吧，和朋友们小聚，看一看类似英国的"又是周五"的电视娱乐节目。这地方位置好找，而且对开车来的人们来说也很方便。我能想象得出，这里以前必然是一个五脏俱全的小世界：有商店（在1995年极少数售卖精致西式点心的地方之一）、公园，以及可以坐下休息而不被打扰的地方。这里甚至还有一片竹林，风吹过，沙沙作响。一家韩式餐厅，就在正门附近。后来，我在澳大利亚做学者的时候，作为真正意义上的客人入住了这家酒店——同样地，客房都是标准配置，没什么亮点。可我还有什么不满足的呢？来友谊宾馆这么多次，这里已被我赋予了重要的情感意义。当然，作为一名外交官，除了友谊宾馆，北京城里还有别的我常去的地方，当大使馆内幽闭、紧张的工作氛围让我窒息的时候，这些地方便成为我暂时逃离的庇护所。

无论身处何地，找到令自己感觉舒适的庇护所都是非常重要的。由于北京政治中心的定位，我的时间一般都花在了政府大楼里，有时为了会见官员，有时为了陪同走访，有时为了处理公务。人民大会堂是其中一处重要的场所——我在那里见过朱镕基——他在20世纪90年代末期任国家总理，以及访问中国的英国政界的显赫人物。我还在人民大会堂的万人大礼堂里观赏过乔治·格什温的歌剧《波吉与贝丝》——美国的现代音乐在人民代表大会专用的庄严肃穆的大礼堂中上演，两者碰撞出奇妙的火花。从天安门广场登上台阶进入大会堂，映入眼帘的是铺设着地毯的宽敞通道。大会堂里一片肃静，在这种氛围下，我觉得无论有多少人站在这里，都会自觉保持安静。也许就算我扯开嗓子大叫，也没人能听到我的声音，因为墙壁、天花板和地板上的吸音板都能对声音产生有效的弱化作用。

有的政府大楼功能更加细化。中华人民共和国外交部旧址在一个随处可见精致木雕和考究装饰的院子里，四面环绕着晚清时期的建筑，这里从20世纪90年代起成为外交关系研究机构的驻地。这里安静的氛围十分适合商讨错综复杂的各种事务。新的外交部大楼空间更宽敞，外观也更显眼，同样在一层配有开展类似会谈活动的房间。和伦敦一样，这里层层叠叠的入口和大门背后，是更加私密的、用来交谈和活动的空间，隐藏着北京不为人知的一面。像位于城市正中心的天安门广场这样的公共建筑和空间，有时就是城市的门面，使得人们趋之若鹜。我做外交官的时候，一有时间就去天安门广场。在之后的一段日子里，那里是我了解这里的人民，并与之进行更有意义、更直接的交流的地方。

在北京与政府层面接触的所有经历中，中南海因其声望而让我对能够实地造访备感期待。中南海的外墙非常醒目，在大街上一眼就可以看到。我曾多次从中南海面向南方的正门走过。三名身穿橄榄绿色制服的军人笔直地站立在门前一动不动，好似蜡像一般。他们身后的墙壁上，是毛泽东亲笔书写的"为人民服务"五个大字，警示着所有进入这里的车辆和代表团。外交人员到访中南海虽不常见，但也时有发生。

从设置十二个车道、熙熙攘攘的长安街进入寂静安谧的中南海，墙外的闹与墙内的静形成异常鲜明的对比。这里的建筑年代久远，即便对中国传统建筑知之甚少的人也能看得出来。这些建筑承载着帝国的过往，它们曾是皇室宫廷的一部分，居住着历代帝王以及他们的朝臣。时至今日，一些现代建筑点缀其中，但是似乎都刻意和主要的接待建筑保持一定距离，造成一种空间上的疏离感。通常情况下，我以政界或商界人士代表团的低级陪同人员随访。中南海内房间和大厅绚丽多姿的色彩，以及许多我在中国其他美术馆和博物馆里看到过的图案装饰，令我着迷。旁听双方会谈的时候，我的思绪偶尔会开小差，看着周围的各种图案，我尝试着解读它们的含义，猜测它们曾经所处的世界。当然，最简单的理解这一切的方法，就是将眼前的所见贴上差异化的、中国的、异国情调的、属于陌生世界的标签。但是房顶屋檐上小型的团龙，以及在木制装饰品上精心绘制和描画的植物，这些形象都具有固定的象征意义。很明显，它们脱胎于集合化的想象语言与共同的审美观，与符号象征的历史相联系，并将其固定的意义一直流传下来。

　　沉静肃穆，是中南海带给人们首当其冲的直观感受，在炎热的天气里这种感觉尤甚。只是简简单单穿过一扇大门，外部世界无休止的喧嚣和嘈杂便全部被吞噬了。世间万物仿佛都被这沉静笼罩着，甚至连湖水都静止了，表面没有一丝涟漪，起码我站在那里观察的时候是这样。天空中有鸟儿飞过，偶尔微风拂过树林发出沙沙的声响，除此之外，再没有其他的响动。不同于中国的其他地方，这里没有摩肩接踵的人群。这里只有精心修剪的草坪、干净整洁的道路，就连通向宏伟会议大厅的台阶都永远一尘不染。尽管我身处大都市，但却无法看到我周围的世界。整个建筑群都笼罩在寂静之中。这不禁让我想起埃德加·斯诺晚年访问中国在这里受毛泽东接见时记述的一段话。当他离开的时候，他发现周围什么人都没有，甚至没有警卫人员存在的迹象。所以，当夜他可以漫步穿过这片小草坪，回到自己的住处，好像这里只有他和那位国家领袖两个人似的。[1]

再次回到滚滚车流之中，这种感觉就像从沉静的水潭深处回到喧嚣的陆地世界。鼓楼在故宫的北边，是古城墙残存的一部分，去往鼓楼的路上多是闭塞的胡同区，狭窄的小巷内酒吧随处可见。因为绝佳的环境和氛围，这里成为有名的外国人聚集区，吸引着大量游客前来观光。来到这里似乎穿越到了过去，并且是非常真实的过去。我旅居北京的时候，那里甚至还有一家名为鲁迅的餐厅，专门烹饪鲁迅作品中出现过的菜品。夜幕降临之后，后海是个放飞思绪的好地方。可以自己一个人，也可以约上三五好友，坐在后海边的酒吧里，啜饮几杯啤酒，眼前是水波荡漾的湖面，鼻尖是胡同里飘来的香气。就在后海主湖区的湖边有一家规模很大的烤鸭

---

[1] 埃德加·斯诺:《今日红色中国：大河彼岸》，纽约：兰登书屋，1962。

店，生意十分兴隆。烤鸭店的厨房是空气中弥漫的香气的主要来源。炎热潮湿的天气里，待在水边能带给人阵阵清凉。到了冬天，我曾看见有人在这儿滑冰，那情景比国贸地下滑冰场见到的要赏心悦目多了。

当我在这里漫度时光的时候，我常常思考，像这样一座幅员辽阔、人口众多、历史悠久又繁复的城市，如何能将它各个分散的部分组合在一起呢？是否就任凭各个部分毫无交集地独立并行，容忍它们之间的差异？还是尝试着将它们聚合在一起，形成一个协调的整体？诗人威廉·巴特勒·叶芝（W. B. Yeats）在其晚年声称，随着年龄的增长，在拥有使其不惑的智慧之前，他一直过着四种不同的生活——诗人的生活、激进者的生活、情人的生活、旅行者的生活——但最艰巨的任务是如何将这四种生活糅合在一起，让它们和谐共存。"和谐"在中文里是一个强有力的、能引起共鸣的词，用路德维希·维特根斯坦（Ludwig Wittgenstein）的话说，围绕着这个字，有一个巨大的语言游戏，在许多不同的语境下其含义不同，然而，这些含义全都基于两千四百多年前战国时期思想家的哲学中第一次使用它的意义。我时常对"和谐"一词有所感触，不仅因为它的历史，还因为它与衍生于中国传统的独特思想体系之间的联系。"和谐"是中文里最为重要的词汇之一，你必须理解它的具体含义，因为在语言游戏规则内的英文的同一单词，实际和它有很大差异。它们在文化上、神学上、社会上和政治上都处于不同的语境之中。在中国，建立某种秩序，让世间万物和谐共生，差异个体化零为整，这不仅是个人成就的伟业，更是集体承担的重任。这与世界本源的观念联系在一起——认为万物以一种真实有序的方式存在于自然与人类之间。如果你弄明白了中文里和谐一词的语言游戏，那么你将获得更进一步的能力，可以从方方面面对周围中国人的世界进行更深层面的洞悉。你甚至可以用这一个词构建一整个世界。

第一次到中国的时候，有天下午我顺着城市里安静的小巷去了孔庙。我只去过一次孔庙，但去过很多次雍和宫。雍和宫位于北二环边上，它华丽的红色琉璃瓦和美轮美奂的倾斜屋顶十分引人注目。雍和宫的主殿内有一座巨大的木佛，像神话中的人物，高大的身躯直冲烟雾缭绕的殿顶，垂着眼睛，俯视众生。儒学、佛教、道教是中国文化的三大根基。道教思想认为，相互对立的力量在冲突碰撞中创造了一个充满活力的世界。中国人的信仰体系一直困扰着外国人。1793年至1794年，马嘎尔尼勋爵作为英国特使出访中国，当他讲述这段出使经历时，多次抱怨难以理解北平——当时对北京的称呼——接待者的意图和想法。和欧洲人在一起时，大家拥有相同的价值观、共通的宗教象征、类似的文学基础和神话背景。即使是在伊斯兰世界，与遵循有神论的人们打交道也是很简单的——虽然伊斯兰教与在欧洲占主导地位的宗教完全不同。但是，马嘎尔尼勋爵出访时期的中国，正处于君主集权的封建社会，一切似乎都不一样。从世界观到使用的语言，再到语言组织和构建社会的方式，无一与西方类似。①

对统一的追寻，在中国思想传统中并不陌生，尽管在中国近一千五百年的历史中这三个伟大的学说并非平衡发展。康有为，清朝末年早期改革者之一，曾经撰写过一部有关综合体的书籍，名曰《大同书》(The Great Unity)，意欲把东西方思想体系融会一体。在20世纪，这一使命由诸如心理学家卡尔·荣格等人继续。如前所述，荣格曾涉猎东方思想体系，在其对集体无意识以及构成集体无意识的象征的研究中曾使用东方象征，其中许多可追溯到《易经》(The Book of Change)。于我而言，作为这座城市形单影只的个体，关键的问题是如何以某些不会造成疏离感的方式，把我对后海、中南海和紫禁城这几个不同地方所形成的体验变作浑然一体，也就是说，至少把这些经历感受与我的其他经历融合到一起，同时崇敬他们的真实差异。如何才能找到真实的语言来解决这一平衡的行为呢？

有一个选择，但是是一个被我拒绝的选择。否则我就会变成一个分裂的自我，即抱有一个中国的世界观和西方的世界观，就像换帽子一样从一个转向另一个。那意味着一个裂变为两个部分的极端体，即我大脑的一部分会用我所谓的"中国"方式思维而另一部分用西方方式思维。弗朗索瓦·朱

---

① 伊尼亚斯·安德森：《英国驻华大使馆1792年、1793及1794年大事记：包括使馆事务、中国人风俗习惯、中国城镇及其他的描述》，伦敦：J. 德布雷特出版社，1796。

利安（Francois Jullien）在其研究东西方思想对话的著作中，基于他在中国二十年居住的经历描述了这些思想的和感情的差异，一如一个西方人总是在追求结论，客观存在和结论，可以追溯到古希腊罗马伟大的辩论传统，也可以追溯到战国时期一大批以孔子、孟子、墨子、韩非子为核心的中国哲人。朱利安说道，他们的追求仅仅是看到存在之变化的、可感知的、更为被动地接受：一个承认自己的局限性的案例，即不仅在思想上而且在行动上能够承认世界的秩序及和谐并在其中生存，同时抛弃纯粹的结果和终点这一观念。朱利安所给予此的特征归纳，是西方哲学传统的主观归纳，这一方法把次序排列和理性化思想几乎置于世界之外，而中国的传统则是把心灵置于世界里，心灵作为世界的一部分，心灵在存在之秩序中占有一席之地。"在什么程度上我们走出了欧洲思想图式，或者我们能够走出呢？"朱利安在《论效率》一文的伊始写道：

"我们能质疑它吗（身处欧洲传统的"我们"，仍在想把早期的希腊范畴永久化地"我们"）？……我们确立一个理念，并把它看作一个目的，然后我们的所作所为就是要使它成为一个事实……我们选择干预世界并赋予存在以某种形式。"[1]

---

[1] 弗朗索瓦·朱利安:《论效率：中西思想比较》，珍妮特·洛伊德译，火奴鲁鲁：夏威夷大学出版社，2004，第1页。

而中国人的思想方式

"是从惯例产出的方法，因为它从未建构一个由与实体隔离又贯穿于实体的理想形式、原型或者纯粹本体组成的世界。它把整个世界看作是有规则的延续的过程，而这个世界完全是从运动中的诸因素（它们曾彼此对立且互补，例如著名的阴阳）相互作用产生。"①

在北京，有一件事情总是显得十分容易，那就是，我对事情稍有一知半解，就自鸣得意地以为我能用自己的"中国式"头脑对我面前的事物作出正确的解读。可是，我在这个城市待得越久，越觉得它是那么地鳞次栉比，层层叠叠：不同的地理环境和空间安排，对空间的不同感觉。在一些地方，例如后海，一旦黑夜降临，事物似乎变得无边无际，物体的物质界限消失殆尽。你可以看见天空的群星，可以看见或远或近的物体微弱的光亮，你不能确定周围是什么样的人。在其他地方，空间是限定的，尤其在公园里，树的枝叶、雕塑、水渠隔断小路，人们只能朝着固定的方向走，有时，如在紫禁城的北部，空间如此的紧凑，似乎它就由我构成，唯有我，一个人，局限于非常狭小的空间。

现代艺术史家、诗人弗兰克·奥哈拉，曾经极其兴奋地

---

① 弗朗索瓦·朱利安：《论效率：中西思想比较》，珍妮特·洛伊德译，火奴鲁鲁：夏威夷大学出版社，2004，第15页。

写了诗行"幸福,生活得五彩缤纷"。北京,与伦敦一样,斑驳陆离、五彩缤纷。北京与伦敦在很多方面一模一样。正是城市的斑驳陆离使得我集中精力克服了走入一个分裂的大脑的死胡同。而且,斑驳陆离意味着与其并不割裂、并非不协调的一种认识,恰恰相反,反而是由其灌注活力、灌注力量的认识。弄一堆臆断过来,用这些臆断解释周围的风景,从而使得它看起来古怪陌生,这是很容易的。北京毕竟看起来很厚重,蕴含着层层物质的积淀和建筑的布局,体现着某种特定的秩序观与权力观,而这种观念与我所在欧洲所理解的那种观念大不相同。宽广的大道把城市分开,显得大气磅礴。位于市中心的广阔空间——天安门广场壮丽辉煌,领袖纪念堂坐落其中,还有纪念碑,底座上雕刻着人物和事件,再现了不同历史时期的叙事。虽然有这些标志性建筑,天安门广场仍然是一个空间,空空如也,激发无限的想象。

在西方人们可以臆断,中国人的美学是非个人的,公园广场的风景常常没有人物塑像,常常伴有集体主义的倾向,有一种佛教虚无主义文化弥漫其中。更为要命的陷阱,是受到异国风味和神秘东方的观念迷惑,即爱德华·萨义德(在其于20世纪90年代出版的极富影响力的《东方学》(Orientalism)一书中所描写的且尽力驳斥的思维定式。的确,我所处的风景很是不同,关键是你如何设法理解那些差异,以及你赋予它什么样的重要意义。① 总之，对于一个来自英国的人，法国古典建筑和文学的风格与习语甚至可能会显得异国情调。英国、法国地理位置如此接近，它们本应该是同样的或者很近似。那么，为什么会差异这么大呢？至少，从地理位置、历史渊源和文化距离的角度讲，中国拥有充分的理由来解释它的种种差异。

事实上，学术修养很深的学者若干年后撰写的中国哲学著作，例如唐纳德·蒙罗（Donald Munro）的《早期中国人的概念》和《当代中国人的概念》清楚表明，中西之间根本的差异之一是围绕着概念问题，不是事物或物体的概念，而是中国传统中以及西方历史上非常盛行的关于自我的概念。古典中国哲学文本中自我之概念，并没有一个有身份的个体在一个等级社会占据一个位置之观念，而在这个社会是否有效取决于外在的因素而且是基于社会地位和能力的认定，如在西方那样（蒙罗把它归于柏拉图和亚里士多德的影响），它更多地植根于蒙罗所谓的"人自然地平等"这样一个观念。② 这一观念的核心是，人人具有一颗价值评定的心灵，而这一点是理解儒家关于人的概念的关键。因此，接受政治和经济特权之唯一标准是成就，在这一方面，无论他们出身什么阶层和社会，通过勤奋地模仿典范榜样和学习训练人人都能成为"圣人"——道德

---

① 爱德华·萨义德：《东方学：关于东方的西方观念》，纽约：万神殿书局，1978。
② 唐纳德·蒙罗：《早期中国人的概念》（修订版），安娜堡：密歇根大学出版社，2001，第1页。

优秀品格高尚之人。这一点构成清朝灭亡之前盛行的儒家考试体系的基础——进入官僚体制必须经历的巨大的精英管理阶层的选拔方式。①

或许，要理解北京并融入北京的环境而且以一个平等的人被接受，我能够采用中国人关于自我的这个观念，一个具有内在能力的自我，不论背景和出身。无论如何，即使是在这方面稍作努力，也会给人带来另一个视角，一种不同的世界观，而且，这种多样化很有价值，能丰富我的生活。为什么不用一种模拟孔子时代所铸就的态度呢？那或许就是那位圣人自己所写所著的态度——《大学》，对感觉和观念开放、吸纳、变通之永久的能力。在这个意义上，北京教诲了我，使我认识到，并不存在束缚自我的铁箍，而且，在很多方面，这座城市属于任何人，但同样也属于我，尽管我不是在此土生土长。就所有权而言，不存在你的我的，虽然最初看起来像是排外的文化壁垒和界限。那仅仅是我的臆断搁置的东西——那些臆断不是，从来就不是客观的，有了耐心和努力，我完全能够冲破它们。

如果有幸赶上游客少的日子，恭王府就是北京最私密的地方之一。这座曾是恭亲王的府第，位于一片留存下来的胡

---

① 唐纳德·蒙罗：《早期中国人的概念》（修订版），安娜堡：密歇根大学出版社，2001，第49页。另见唐纳德·蒙罗：《当代中国人的概念》，安娜堡：密歇根大学出版社，1977。

同里，距离之前提到的后海不远。天气凉爽的时候，这是个令人感觉十分惬意的地方。但它不仅仅是一座规模宏大、保存完好的明代院落。据记载，这座府第与伟大的作家曹雪芹的家族有关系。曹雪芹是中国著名古典小说《红楼梦》(The Dream of Red Mansions) 的作者，这本巨著在中国家喻户晓。其书共有120回，大卫·霍克斯 (David Hawkes) 和他的女婿闵福德 (John Minford) 译成的优秀英文译本有五卷以《石头记》(Story of the Stone) 为书名出版。

曹雪芹进入我的生活实属意外，而且可以追溯到我来北京之前的很多年。我的中学时光是在肯特郡的达特福德度过的，那里有家不起眼的书店。有一天，我在书店里翻阅为数不多的企鹅经典丛书的时候，无意中发现了一本书，书的封面是美丽的中式肖像画。这本书就是《石头记》的第一卷。其他四卷后来我也陆续得到了。但是，第一次的阅读经历让我感到十分挫败和费解。此后许多年，这本书就被我遗忘在书架上了。直到1993年，我在伦敦接受密集的中文课程时又重新阅读了第一章，然后就将整本书读完了。之所以记得这么清楚，是因为当时我正在朋友家度假，朋友的房子在法国南部的洛特和加龙河大区。这地方虽地处偏远，但别具风情。陈旧的农舍前边是大片草坪，我就是坐在草坪上的折叠椅里慢慢阅读这部巨著的。

即使在如此理想的阅读环境中，读完这部书也不是件容易的事。虽然我看懂并记住了主人公贾宝玉（据说以曹雪芹本人为

105

原型）和林黛玉史诗般荡气回肠、最终以悲剧结尾的爱情故事，但是小说中的许多细节，尤其对故事发生的社会背景错综复杂的描写，让我难以理解——这也许是因为其中的许多内容根本不可能在英文中找到恰当的词汇来翻译。这部小说也拍成了深受欢迎的电视剧。在呼和浩特的时候，我记得这部电视剧会在夏天接连播出几个星期。然而，看电视剧就像是在体验某种全新的东西——它和几年前我费力理解的那部小说几乎没有任何关联。

21 世纪初去北京和之后几年再去北京的时候，恭王府多多少少让我对小说里的世界有了更加具象化的理解和认识。毫无疑问，我认识的中国朋友中，凡是读过并欣赏这本书的人，都有一个共通之处——他们喜欢的是书中的语言、随处可见的引用和典故，以及文字间隐含的寓意，这些特点与书中的叙事相呼应，带给人一种愉悦的阅读感受。显然，与单纯追求情节相比，语言是让阅读产生魔力和乐趣的关键。莎士比亚采用的就是类似的创作方式，他笔下许多伟大戏剧并非只有枯燥单调的叙事，毕竟，大部分情节是从别的作品中借鉴的。莎士比亚的语言丰富多样，人们通过这些语言感受到不同深度和广度的情感表达，这也是莎士比亚的作品在他去世几个世纪后依然令读者信服并在情感上受其支配的原因。

莎士比亚在西方的伟大成就和曹雪芹对中国文学的贡献，两者的相似之处并非简单在于对后世的影响以及对批评理论的丰富。曹雪芹和英国的莎士比亚同样擅长使用隐喻。

一天晚上，北京的一位批评家和我谈及这本书的时候说，书中出现了多种不同类型的声音，因此读者倾向于通过发现能与他们个人、他们的精神生活、他们面临的挑战产生共鸣的具体意义来解读这部作品。书中没有单一的曹雪芹的声音或风格，但有许多不同的、同样令人信服的、真实的声音。关于莎士比亚文集中体现的观念、态度和声音的多样性，也有人提出类似的主张。对相爱的人们来说，《石头记》是本恋爱教科书。对政客们来说，这本书揭示了人际关系的转变对人与人之间权力分配的影响。对更加形而上的人们来说，他们可以在这本书的第一部分找到对存在于人类居住的物质世界之上的精神世界的描述——这是另一种现实的秩序，以会说话的石头和神秘的璞玉为证，后来主人公贾宝玉出生的时候，这块儿璞玉在就含在他的嘴里。虽然很多人认为贾宝玉的故事过于细腻和真实，并且小说中有较为明显的自传痕迹，贾宝玉毕竟是以作者本人为原型塑造的，但人们似乎对曹雪芹本人知之甚少。曹雪芹和莎士比亚一样神秘，他的生平几乎不为人所知。虽然有大量莎士比亚时期的文献保留下来，但这些文献记录的都是他的商业往来，对作家的性格和习惯只字未提。曹雪芹和莎士比亚一样，其作家的身份存在一些争议。莎士比亚的一些戏剧如今被认为是和同时期的剧作家共同创作的，或由同时期的剧作家修改和润色后完成的。《石头记》前八十回由曹雪芹执笔，这是被普遍接受的，但后四十回有可能由稍晚一些的作家高鹗所续。高鹗模仿了原作的写作风格,但在许多人看来,高鹗的续作没有达到前作的水平。

曹雪芹的神秘,在我游览恭王府的时候如影随形。很容易让人联想这里就是他创作那部巨著的地方——因为小说讲述的就是住在类似清朝京城的大宅子里、相互荫庇的大家族们的故事。但是,曹雪芹是否以这里为原型来展开他的故事,如今已无从考证——如果细想并为肯特郡的罗彻斯特大街(Rochester High Street)上的房子是否就是狄更斯小说里某个情节"发生"的"地方"诸如此类的问题烦恼,是件挺奇怪的事情。我记得在那里闲逛的时候,曾看到有地方挂着纪念《远大前程》开篇场景发生地的饰板。这让我不禁想问,一个虚构的、从未发生过的事件,如何让一个真实存在的地方引以为念呢?

然而,把恭王府视为小说"真实发生地"的想法异常强烈。走在恭王府内精心布置、相互隔绝的小花园中,看着最后一个花园里从小水塘中央冒出的假山,我可以将小说中的情节在这里实景化——在我眼前的建筑内,可能是家主和宾客的诗社活动正在举行,也可能是可怜的贾宝玉因为捣蛋被父亲痛打。王熙凤也可能出现,她是小说里最生动、最蛮横的人物。我想,她应该身着当时最精致的华服,就像绘画和博物馆文物中展示的那样。

作为首都,北京就像所有的大城市一样,具有一定的代表性。21世纪初,大规模的建设开始了——许多新的大楼拔地而起。早上，沿着光华路去上班的路上，我会经过一些大楼的施工现场。其中一个工地已停工，一到晚上，因为没有灯光，黑黢黢的大楼完全融入了夜色。其他在建的工地里，竹制的脚手架覆盖着楼体的外立面，工人们以每天一层楼的速度在建设。这座城市每天都在变化：美国大使馆正在大张旗鼓地搬迁，从我们的使馆附近搬到三环路以外的特定位置，新使馆的空间更大，装潢更现代，也更豪华。北京的现代性，从某种程度上说，比欧洲最具先锋感的城市还要前卫。我在北京的时候，国家大剧院已经竣工。这座剧院宏伟宽敞，以超现实的穹顶式外观坐落于人民大会堂的西侧。首都机场第三航站楼已在规划之中，将在几年之后，2008年北京奥运会之前投入运营。我第一次到那里时，感到头晕目眩——天花板上古铜色的平行线高高在上，雾霭腾起的时候出口似乎遥不可及，这里内部的距离感确实被含混化了，就像在室外空间一样。部分由荷兰建筑师雷姆·库哈斯（Rem Koolhaas）设计的中央电视台总部大楼，在我2000年去北京后不久开始了第一阶段的建设。2003年4月，我离开北京回到英国工作，随后，北京迎来现代化发展的真正爆发。那段时间，正是北京奥运会紧锣密鼓的筹备建设期。

我做外交官时已经三十多岁了，跟我的许多同事相比起步有些晚，他们在二十岁出头的年纪，一从大学毕业就想着进入这一行。因此，我认为来这里工作的所有外国人都面临着一个共同的问题——这座城市有时在传统和现代之间存在明显的界限。但是对我来说，还有一个附加因素，我注意到我在北京的生活故事是由两层经验构成的——一是当下的，驾驶使馆牌照的汽车驶入驶出各个政府部门，过着很多人看来享有特权且神秘的生活(尽管大部分时间并不是这样)；二是曾经的，作为老师、游客和商人在北京的所见所闻，那时整个地方看起来完全不同，并受到不同动态的驱动。我发现那些只在北京做过外交官的人，他们眼里看到的是这座城市正在从传统向超现代急速地转变，属于获得上述第一层经验的群体。这使得他们对这座城市持有的观点变得极端。至少我的视角更加多样，也更加不易归类。

作为城市的传统面，对外交官来说，是一些经常被提及，或在外交圈里流传、可做访客招待之用的特定地点。比如历史悠久的四川饭店，这家饭店是北京城里最古老的大型饭店之一，访客们可以选择在户外的院子里或者清凉的木制建筑内就座，小心翼翼地品尝由数量惊人的辣椒烹制的食物——有的菜品辣椒实在放得太多了，根本看不见菜里其他的配料。[①]前门边上的老舍茶馆也很热门，人们可以在这里重温京华旧梦，我们差不多会带所有的访客去那里。老舍是20世纪的一位大文豪，茶馆就以他的名字命名。老舍年轻的时候曾旅居伦敦，在"文革"期间不幸离世。老舍茶馆的京剧表演提供英文翻译，字幕打在一块电子板上滚动播出。台

[①] 此处是戴维·布鲁斯1973年至1974年在北京任职期间最常光顾的地方之一。戴维·布鲁斯当时是首批驻中华人民共和国的美国代表之一。

上的演员咿呀吟唱的时候，台下的服务生们应着听众的吆喝声和招呼声穿梭于桌台之间，奉上小食和茶水。从前门往南，天安门广场的南端，是一片更接地气的老北京城景——那里有一个饺子馆，受到性情随意、消费不高的食客们的喜爱。还有一些我喜欢的菜馆，多是我亲自发掘的，当时站在大路上就被它们散发的香气吸引了过去。其中一家店专卖新疆菜——有烤肉串、羊肉为主的菜品、烤馕，还有所谓的新疆沙拉——里边主要的食材是土豆和生菜。而城市的现代面，就是那些政府、商务会议的主要举办地，抑或是能看见别的外交官的地方。这种地方由许多跨国公司和国际组织的驻地组成，许多大使馆也坐落于此。比如澳大利亚大使馆，醒目的行政大楼环绕着中间的入院中庭。再比如荷兰大使馆，全玻璃幕墙的未来派建筑，花园和建筑相辅相成、相映成趣。西单和不远处的金融街满是类似的新式建筑，在阳光下熠熠生辉。同样地，是奥运会促成了这些变化。结构复杂的鸟巢体育场和水立方让人们无比自豪，它们与传统样式的建筑形成了平衡，创造了可以被称为中国建筑现代性的东西。坦诚地讲，大使馆工作人员接待访客最省力、最常去的地方之一是利群烤鸭店，它隐藏在天安门广场略偏东南的胡同（另一个源自蒙古语的词汇）里。天安门广场太大了，万里无云的夏日，阳光刺眼夺目，在这种情况下从阴暗的地铁通道里走出来，容易让人迷失方向。这使得每次寻找这家小餐馆的过程都有所不同，因为无论你对它的位置记得有多清楚，它却似乎隐藏在自己的迷宫之中，每次都有微小的差别。烤鸭店位于一个拐角处，两边是灰色的砖墙，墙上还有几十年前题写的毛主席语录，如今早已斑驳不清。

每次我去利群烤鸭店，店里总是座无虚席，可以看出，前来用餐的食客差不多一半是本地人，另一半明显是外地人。这些食客有一个共通点——他们都是费了一番功夫才成功找到这里的，尽管如此，他们大概也像我一样是凭着运气意外找到的。不大的中央庭院中间，摆着几张可供食客落座的桌台，除此之外，烤鸭店还有几个包间和一个略大一些的室内用餐区，人们可以单独，或者两三个人一起坐在这里用餐。最受欢迎的饮品是当地产的燕京啤酒，燕京是北京古代时候的称呼——半升装的大瓶啤酒在桌子上一字排开，烤鸭就从前方的木制烤炉里取出端上桌来。每个人都信誓旦旦地说这里是烤鸭做得最好的饭店——虽然北京别的烤鸭店也宣称自己店的烤鸭最好吃。用餐人数较多的话，更倾向于去全聚德。全聚德有数家分店，有的店面甚至有几层楼高。但是利群烤鸭店感觉更加亲民，那里的服务和氛围也更大众化。一位应该是老板的人吸引了我，尽管周围的服务员和大厨们忙得热火朝天，他却总是坐在门口，一脸平静。从利群的高人气可以看出，在现代化的北京生活的外交官们，无论多么困难，依然心存强烈愿望去寻找北京更具年代感的、保留着旧时光景的地方。也许这也是对发现"地道的"北京的渴望——只是我怀疑要么两种地方都不代表地道的北京，要么都代表地道的北京。

我逐渐意识到，找到心仪的饭馆，为我提供了一种全新的方式开启北京的地图。北京有许多宏伟别致的建筑，但我发现人们趋之若鹜的地方几乎都与食物有关——或者和首都宣传的食物背后的故事有关。在北京，能吃到各种各样的中国美食。口口相传通常是人们获得美食信息的途径——比如，某人从某人那里听说，某人的朋友告诉他新开了一家特别棒的四川、广东或者湖南菜馆。如果我能亲自发现，也是一种特别的乐趣，起码在我把发现的餐馆推荐给别人之前，它们是专属于我的。建国门外大街是北京市中心的交通主动脉之一，它西起天安门广场一路向东直到国贸。国贸以东的连接线则通往海边度假胜地北戴河和东北城市沈阳。在这条大街上，我在一家现代化的酒店后边发现了一个蒙古餐馆，位置很不显眼。这里的烤羊肉外焦里嫩，和我在草原上吃到的口感和味道一模一样。更为可贵的是，这家餐馆尽量还原了内蒙古的风情——由表演者一边唱歌一边向客人祝酒，在呼和浩特几乎无处不在的、挥之不去的白酒的味道扑面而来。有时候，空气里还弥漫着一丝不太容易让人接受的、发酵后的马奶的味道。

甚至饮食习惯也变得时髦起来。快餐店如雨后春笋般出现，人们在这里可以轻易吃到与自己国家完全相同的食物。必胜客随处可见——店里有新奇的自助沙拉台，吸引着顾客前来，人们以胡萝卜条、冷土豆和西红柿沙拉作为稳定的底基，在上边垒放黄瓜片墙，最后堆砌成结构庞大到不可思议的沙拉塔。面条店算是本土的快餐店，有一个名叫兰州拉面的店，全天营业，时至深夜也不例外。当我被长途飞行造成的时差所扰，难以入睡的时候，可以起床来这里吃点儿东西。关于兰州拉面，我有一次独特的经历。几年前，我在新疆旅行了很长一段时间，其间，当我乘坐的大巴或汽车停在路边休息时，最容易找到的吃食就是兰州拉面。接连不断吃了两周的兰州拉面之后，我对它的味道感到厌烦。而中国中部地区的辛辣面条引起了我的兴趣。首先，更加高档的餐饮连锁店开始在北京出现，川菜品牌俏江南就是其中之一，这些精品菜馆多开在新建的装潢摩登前卫的购物中心里，提供的服务高效快捷(几乎一下单菜品立刻就上桌了)。如果说北京的生活经常意味着嘈杂、忙碌、来回奔波，那么餐馆和美食就是带给人们慰藉的港湾。除此之外，能够安慰我的就是位于酒店下面安静的游泳馆，还有温泉水疗馆。其中一家水疗馆开在城外新建的宜家附近，那是一个巨大的水上世界，四下的寂静只偶尔被水花声打破。桑拿浴是可以让你闭上眼睛给身体充电的地方，种类各异的温泉池则像水疗自助，从难以忍受的热到冰凉刺骨的冷，不同水温，任君选择。别的类似的地方，多少会有一些令人不快的瑕疵，庆幸的是，这些地方完美得让人感觉像回到家里一样。

2003年4月，我的继任者被任命，我回伦敦的日子进入倒计时。伦敦在同事们眼中不仅是座国际大都市，而且是物价高昂的消费城市，回到伦敦意味着回到痛苦的通勤生活，同时不得不面对重新回归高强度办公室工作的事实。这在主观上给这个城市的生活蒙上了一层阴影，使它变得比现实中更让人忧郁。我对现下的事情产生了两种想法，一方面知道我在北京的生活马上就要结束了，起码在这一阶段确实如此，很想回家；但另一方面，由于对北京的热爱，我又想留下来。这听起来好像我希望同时在两个地方生活，虽然我知道这是不可能实现的，但却止不住如此幻想。当时的一件大事是非典（SARS）的暴发，这种由鸟类携带的疾病从2002年下半年开始从中国南方传播开来，现在北京城里也出现了一些病例。非典本身是一种流感，但有时可以致命，而且它从鸡到人的传播方式最终被确认，并引发担忧。各种隔离措施纷纷上阵，城市里的公共空间变得空无一人。从3月下旬到4月，很难见到其他人。朋友们宁愿待在家里，很少有人愿意到市中心来。驾车去呼和浩特的话，路上设置了许多检查站和消毒站，站与站之间是大段大段空旷的马路。我在中国从未有过如此轻松的旅程！

此时此刻和之后一段时间的经历，彻底终结了我作为外交官在北京的生活。有些人读过托马斯·曼的小说《死在威尼斯》(Death in Venice)，写的是一个作家继续留在遭受传染病袭击的一座城市里的故事，或者读过阿尔伯特·加缪(Albert Camus)的流传甚广的小说《鼠疫》(The Plague)。我在北京最后几周发生的事情，能让人联想起这些小说中的情节。因为非典和其他原因，这座城市正发生着变化。即便我离开之后，变化仍将以比别处快得多的节奏继续。许多我知道的、熟悉的、难以割舍的地方也变了，有的关门，有的搬家，有的翻新，还有的消失不见了，我再也没机会光顾。诚然，不只是这里，不论在哪儿，万物都是向前发展的。老实说，我也并非一成不变。我知道，我不会以同一个人的身份回到这里。作为官员确实有许多好处——但我发现，大多数时候，我一直忙里偷闲阅读与工作完全无关的东西。我同时在兼修英国的博士学位，大部分论文都是在北京时完成的。作为外交官意味着成为特定文化的一部分，接受以某种方式获取的世界观，但我却与之保持了距离，因为这会影响我认识问题的真实性。几年之后再回到这里，尽管官阶不同，但依然做同样的工作，难道这就是我所相信的，是我真正想要的前途？我真的怀疑自己有这样的能力。

这一次，北京以这样的方式让我明白，人生有许多不同的选择。做老师时，我从没想过有机会以外交官的身份在北京工作。而作为外交官，我又想知道是否可以以别的身份回来——也许是学者，也许是作家。因为到2003年，虽然我一直在写作一些评论和短篇文章，但并没有真正公开发表过自己的作品，也不知道写作将会对我的未来产生多大的影响。

多年以来，我做着各种各样的事情，经常来北京出差。北京一直存在于我的血脉里。北京奥运会来了又去，在精神和物质层面为这座城市留下了深刻的印记。2001年北京申奥成功的消息被宣布的那个晚上，礼花在空中绽放，司机在街上鸣笛，我对当时热烈的庆祝活动记忆犹新。他们似乎在说，北京已经隆重登场。申奥成功对这座城市信心的影响是显而易见的。整个盛会以及2008年之后留下的建筑，都让北京更加自信。规模日益庞大的购物中心纷纷开业。每次我来这里，差不多就是从一个酒店到另一个酒店，有的酒店让我想起过去一些颇具实用功能的地方，另一些则富丽堂皇、极尽奢华。环路也增加到五环，然后是六环——地铁已成为比出租车更便利的出行方式——就像在伦敦一样。

2005年，我永远地结束了我的外交工作。此前两年，我先是负责印度尼西亚和东帝汶有关工作，之后又在伦敦南部的某地工作了很短一段时间，做英国签证政策顾问。做外交官是个一直学习的过程，通过多种方式了解不同的事物。认识东南亚的过程十分有趣，让人耳目一新。因为那里涉及的许多需要处理的问题与在中国时完全不同。尽管如此，2004年，成功获得学位后，我再也不能和中国打交道的想法变得越发不可理喻。2006年，我开始了全新的工作方式，成为中国问题的独立顾问，同时兼任知名国际事务智库机构——英国皇家国际事务研究所（the Royal Institute of International Affairs at Chatham House）的合伙人。这意味着我可以以官员以外的身份去北京，和那里学术界或政策研究中心的人们进行交流。我无须再谨言慎行。相反，我的发言必须有建设性和启发性，通过写很多东西，做许多评论，在公共场合演讲，总结出一种传达个人态度的表达方法，并为我有能力畅谈自己擅长的领域——东北亚，特别是中国，提供可靠的基础。

因为这份工作，我与北京的际遇变得更加碎片化。有时候，我会回来在老书虫书吧（the Bookworm Club）谈谈我刚写的一本书。老书虫书吧位于三里屯酒吧区的城市宾馆附近，1991年5月我曾在城市宾馆入住过，现在宾馆已不在那里了（注：城市宾馆仍在北京工人体育场东侧，与著名的三里屯酒吧街咫尺之隔）。还有的时候，我作为智库代表中的一员，访问中国社会科学院和中国战略研究所。那些年，我为《北京周报》做过演讲，并为其工作过，经常去他们在城市北部紧邻北海公园的办公区。北海公园里的白塔十分醒目，从很远的地方就能看到。我多次进出希望和英国开展合作的公司和机构的办公室，坐在光亮的柚木桌子旁，一边喝茶、查看简报、讨论潜在的合作机会，一边对抗时差带来的困扰。类似场景发生的次数多到我自己都数不清。十年之后，也就是2010年之后，我被邀请去中国国际广播电台总部做节目，那地方在八宝山公墓附近，是某条地铁线的终点。如果随同更加国际化的澳大利亚或欧洲代表团出访，我会出席一些学术和政府活动，现在我不再是活动的组织者，而是参与者，并且通常是以顾问的身份而不是召集者的身份出席。其中一些活动是在政党办公楼里举办的。有一次，我走进了中央纪律检查委员会的主会议厅，中央纪律检查委员会是主要的反腐部门。还有一次，我去了对外联络部，这是中国政府在北京的一个部门，负责与国际社会的联系。我也会走访一些学校，位于城市西北的中央党校就是其中之一，在那里给商务人士、中国学生和访问代表团做演讲。

所有这些，使我 2000 年到 2003 年在北京居住的记忆变得不那么生动了，虽然它们从未失去过活力。对我来说，北京最让我感到舒适惬意的时候，就是当我发现一处特别的地方，这个地方可以使我感到平静，让生活暂时停下脚步的时候——20 世纪 90 年代，我还长居在内蒙古时，曾享受过这样的美好时光。那时，我买好返回呼和浩特的火车票，将行李箱寄存在宽敞的火车站，火车开车前就在北京城里随意地闲逛。后来做外交官时，我喜欢开车出去，将车停在别人不太容易注意到的地方，然后坐在车里看书。或者，我也会去咖啡馆和酒吧看书，没人知道我去那儿，周围的人也不会打扰我，于是我能够一边享受阅读的乐趣，一边胡思乱想，直到时间差不多了才打道回去。出乎意料的是，对一个城市的这种感受，是在生活更为平静、更多沉思的时候，而不是熙熙攘攘、讨价还价的时候。从那段记忆中幸存下来并对我有重要意义的东西，就是华兹华斯在他著名的《序曲》(*Prelude*)中提到的"当我配得上自己"的时刻。他所指的是 18 世纪，在湖区长大时，和周围的自然界产生的深刻接触，以及自然让人类自身感到敬畏，并对人类产生激励的能力。对我来说，在北京时身份的改变，为我创造了一个自主思考和个人发展的空间。在这座城市里，我可以选择被"他者"的身份束缚，不与北京产生联系，或者选择让它进入和影响我的内心世界。与呼和浩特一样，北京以各种不同的方式，出于各种不同的原因，实实在在进入了我的内心世界，并对它进行了重塑，让它发生了变化。因此，和无数人所体会的一样，北京不仅仅是一个存在于现实中的地方，它已经成为我和我人生无法割裂的一部分。

第三章

上海

我对上海这座特大城市的第一印象并不好。虽然在中国往返居住了六年多时间，但我从没到过上海这座仅次于首都北京的中国第二重要城市。如今，在进入伦敦外交部不久之后，我终于有机会以了解该地区的名义造访上海。我的行程并不长，先在北京停留几天，然后在上海度过一晚，再从上海去广州，住两晚之后经香港飞回伦敦。整个行程不超过一周。在上海的时间主要以会议为主——所以，能看到的只有办公场合的墙壁和家具，以及我入住的国际饭店的内部模样。酒店位于市中心英国领事馆的对面，有一个平淡无奇的大堂。我提出能否在市区简单地逛一逛，这一要求最终得到了满足。领事馆接待我的人给我大约一小时的时间——于是我在一个炎热的傍晚，从波特曼中心出发，穿过农业展览馆，这是一座苏联时期的建筑，之后来到了购物中心林立的南京路。南京路相当于伦敦的牛津街，位于城市的中心位置。当时正值交通高峰时段，整个上海的人们都在回家的路上。当我试图从南向北穿过马路回到领事馆时，川流不息的自行车大军几乎让我寸步难行。我这一生从没在一个地方见过这么多人——人潮汹涌而来，我被困在骑车的人群中央，只能费力地寻找空隙向马路对面移动。

上海被冠以全国重要商业中心之名。一位长期居住在上海的朋友告诉我，上海在1949年之前就已经是闻名遐迩的商业之都，20世纪20年代和30年代，来到上海的外国企业家、造访者和游客络绎不绝，赋予了这座城市高级而又神秘的氛围。上海是东方的明珠，演员玛琳·黛德丽（Marlene Dietrich）、查理·卓别林（Charlie Chaplin）和阿尔伯特·爱因斯坦（Albert Einstein）都曾到访过上海。上海独具诱惑力——外国冒险家受它吸引，本地帮派以它为藏身之地，各种各样丰富多彩的人物纷纷会聚于此。一位来自美国的学者朋友安德鲁·菲尔德（Andrew Field）甚至在研究那个时代的夜总会。昏暗的酒馆中，地下的沙龙里，共产党和国民党、犹太人和异教徒，所有人混迹在一起。另一位长期居住在上海的朋友曾向我解释过，夜总会是世界邂逅中国，也是中国邂逅世界的地方。[①]

[①] 安德鲁·菲尔德：《上海的舞蹈天地：夜总会文化及都市政治，1919—1954》，纽约：哥伦比亚大学出版社，2011。

第一次与上海邂逅，我发现了解并具象化这个城市并不是件容易的事情。上海的面积比呼和浩特和北京要大得多。呼和浩特的城市规模决定了道路布局不会太复杂。北京的主干道经过精心设计和规划，横平竖直，城市结构一目了然。但是上海的地图晦涩难懂。穿城而过的河流严重影响了城市的布局，使上海的街道和空间设置看起来杂乱无章。在一条大河的河口，它的支流蜿蜒着向东伸入中国东海的岬角，修建于这里的港口很快成为世界上最繁忙的港口之一。从法国和英国的租界，一直到现代沿海开放区（共有十六个），不同的势力集团在其历史长河中留下了痕迹。因为靠近海洋，上海被作为商业中心建设起来，上海的许多地理特征就是这样形成的。这种环绕着水边，在曾经是沼泽的区域上进行建设的发展模式，让今天的上海看起来生机勃勃——尽管位于行政中心的人民广场也有一些看点，但首先吸引我全部视线、让我移不开眼的，是面朝着江水的外滩历史建筑群。这些宏伟的建筑，让我最为直观地感受到了上海辉煌的过往。从这里开始，上海的地图在我的头脑中渐渐成形。

　　外滩建筑的规模、年代、色彩和外观各不相同。2000年之后，我开始频繁去上海出差，随着我对外滩建筑越来越熟悉，它们的意义也发生了改变，和我第一次见到它们时相比，看起来似乎变成了完全不同的建筑。我对这些建筑的最初印象，是对西方尤其是欧洲建筑的模仿，因为无论它们的风格还是建筑手法，都起源于那里。它们是首次使用水泥、钢筋之类材料的中国建筑。由于每栋建筑都有自己独特的背景故事，如果有人想要获取关于外滩所有建筑的共同叙事，那么当他对所有建筑的故事有所了解的时候，一定会以失败告终。这些建筑虽然是殖民时期风格，但也融合了本土化的特征，这是20世纪初的中国开始进入现代化时期的表现——当时全国各地普遍都处在现代化的浪潮中，我在描写北京的章节里提到了当代中国现代化的成就。在许多地方，这种建筑也充当了当地与国际伙伴合作的见证，这些国际伙伴不仅来自欧洲和美国，也来自亚洲国家。那些曾经进驻于这些建筑的行业公司——无论是金融业、保险业、银行业，还是当代的零售业、旅游业和咨询业——都创造了自己的故事，讲述了一个与众不同、独一无二，开放包容的城市如何拥抱着周围的世界，并时常与这个世界建立合作互通的联系。

走高速的话，浦东的新机场距离市中心有一小时的车程(20世纪末期完工的快轨让时间稍微缩短了一些)，从新机场的修建开始，上海的崛起进入了稳步发展的时期，所有建设工程都按部就班地展开，取代了短期内爆发式的大兴土木。每次进入上海的途中，我通常会慢慢地感觉这座城市一点点在我的周围出现，直到最后它完全地矗立在我面前。外滩往往是这趟旅程的高潮，是循序渐进的、结尾处发出的最强音。首先映入眼帘的是时而笼罩在雾气里、时而掩映在云层中的摩天大楼，它们的数量和高度不断在刷新，几年之内便林立在曾经是乡郊的土地上，颇具传奇色彩。最早落成的是地标性建筑东方明珠电视塔，但从20世纪90年代末起，它就不再形单影只，金茂大厦随后建成，位于大厦五十四层到九十三层的君悦大酒店曾一度成为世界上最高的酒店（直到后来被香港环球贸易广场的丽思卡尔顿酒店取代）。在21世纪第一个十年期的后期，正方形柱体结构的上海环球金融中心脱颖而出，其建筑顶部架设有一条悬空长廊，虽然被告知这里的玻璃地板比钢筋水泥的结构还要坚固，但是当游客走在上面时，依然会感到害怕。然而，最令人啧啧称奇的是新近完工的上海中心大厦，大厦有着轻微螺旋式的外形，全部为玻璃幕墙，随着大厦凌空升起，光线越来越暗。它的高层经常消失于城市上空的云层之中。视频网站（YouTube）上有一段让人感到不适的视频，两个俄罗斯人在大楼未完工时溜进工地，爬上了其中一架停在顶层的大型起重机的最高处。即使是性情最坚强的人看到他们镜头下鸟瞰的上海也会感到头晕目眩，更何况如果不慎坠落，他们身上却没有任何防护措施可以提供保护。上海是一个似乎永远在升高的城市，不断刷新高度之最。上海走过的历史和作为商贸中心的成功，是建立在这样一个切实的事实基础之上的，那就是它曾经是且如今依然是，一个非常重要的大型港口城市。大量商品从海上而非空中通过类似的口岸，或进口内地，或出口境外，在两个广阔的市场间互换流通。

从2006年起，我有了定期来这座城市的理由。我成为英国城市利物浦的顾问。20世纪90年代中期，利物浦和上海结为友好城市。初看之下，两个城市似乎风马牛不相及。利物浦曾是大英帝国的第二大城市，从维多利亚时代到"二战"前，利物浦港的贸易量和货运量曾仅次于伦敦，但是战后开始下跌。有些时候，这样的衰败几乎是不可逆转的，其中一个著名的事件是在 20 世纪 80 年代，玛格丽特·撒切尔（Margaret Thatcher）领导下的一位已故政治家杰弗里·贺维（Geoffrey Howe），认为这地方应该慢慢缩小规模，直至消失。当然，贺维期望的事情并没有发生——完全不可能发生，将来也不会发生。但是 20 世纪 80 年代，经历了数次骚乱动荡和严重的经济萧条之后，这座城市也开始发生变化。利物浦的人口从 20 世纪初顶峰时期的七十五万多减少到只有四十五万多。这与截至 2012 年每年迁入上海市六百四十平方公里土地的新移民的人数持平。上海有两千四百万人口，相当于英格兰人口的一半，如果和英格兰的一个城市的人口相比更是天差地别。到 2006 年，上海已经与遍布全球的六十六个城市缔结了友好城市关系，证明了自己的国际影响力，每个人似乎都希望成为上海的朋友。相比之下，利物浦相对低调一些，它也有一些国际合作伙伴，而上海是其中最受推崇它的。

利物浦确实有上海人感兴趣的东西——比如文化，特别是足球文化。我开始定期从伦敦经两个小时的路程前往利物浦，那时它已经被授予了欧洲文化之都的称号，至少在 2008 年是如此——利物浦展示城市流行音乐、文学、电影和艺术成就的努力正在获得回报。利物浦和埃弗顿的足球俱乐部非常知名，在中国有大量的追随者，并且希望吸引更多的中国球迷。更重要的是，无论在招收留学生还是合作开展研究方面，利物浦的各个大学都和中国交往密切。利物浦大学甚至和西安交通大学在苏州国际教育园一起合作办学。

每次作为代表去上海处理利物浦的商业事务，我总能从全新的角度认识这座城市。早年间，我频繁入住并让我感受到回家的地方是上海浦江饭店。浦江饭店位于俄罗斯总领馆对面，离苏州河不远。虽然毗邻外滩，但又不在外滩，一进入酒店，就能感到一种平静安宁、遗世独立的氛围。大多数酒店都经过了精心的翻修，比如高档的半岛酒店，位于众多外滩建筑的尾端，坐享面朝江水的黄金地段。在此之前，这里已沉寂多年，当我透过铁栅栏向内窥视时，能看到隐藏在林木中的空荡荡的英国领事馆旧址。从外表上看，浦江饭店像是清末或20世纪初的建筑——具有颜色深沉、结构坚固、建筑对称的特征。酒店内部的公共走廊里悬挂着许多照片，作为酒店历史的见证。据酒店说，马克·吐温（Mark Twain）和阿尔伯特·爱因斯坦都曾在这里下榻。中国一些近代人物也出现在照片里——其中最重要的人物是周恩来，他自新中国成立时起一直任中华人民共和国总理，直到1976年谢世。20世纪30年代，他活跃在上海的时候，曾住在浦江饭店。在我频繁来上海出差的前几年，饭店经过重新装修，所有的房间都被漆刷成米黄色，住在里面觉得更安静。饭店的墙很厚实，我住的位置远离主干道，临近一条行人稀少的小巷。

饭店所在大楼周边聚集着属于"安静型"的行业，而非商业区，一边是领事馆，马路对面是外形更现代化的新城饭店。

浦江饭店的建筑内部看起来像是一个博物馆。有时经过长时间飞行，从英国抵达上海之后，我会在酒店里到处转转，深色的木质装潢能舒缓人的心情。一旦离开大堂前台，建筑物内部的空旷寂静也提供了些许帮助。酒店里还有一层是画廊区，房间的门和挂在墙上的画相互交错。有一次，我住进一间富丽堂皇的高级房，我感觉好像进入了电影中的场景，回到了20世纪30年代高光时代的上海。受众人景仰但又遭遇不幸的女星阮玲玉，也出现在这场景里。中日战争时期，上海成为战争的前线、军队相互厮杀的城市主战场。那个时候，浦江饭店见证了这一历史。这个地方也许是人们寻求庇护的地方，或者是他们不顾一切地寻找失踪亲人的地方。提供早餐的饭店一楼曾是有名的舞场，安德鲁·菲尔德在介绍那个年代的夜总会的书中曾对这里做过研究。这个椭圆形的舞池被华丽的装饰包围，只有在这里举行婚礼时才会重现往日的荣光，以前的人们也经常在这儿举办婚礼。浦江饭店门前有家小咖啡馆，当天气炎热、无比懈怠的时候，我常常坐在那儿，思考稍后走出咖啡馆的时候如何用最简单的方式躲避酷暑。从咖啡馆出来，上楼右转，有一家酒吧——那地方又昏暗又凉爽，即使在最炎热的日子也不例外。

2010年以前和世博会筹备时期，走在外滩的街道上，会路过许多施工现场。这边是正在建设中的半岛酒店，那边是处于外滩和黄浦江间正在优化的沿江步道和马路。无论一年中的什么时候，也不管白天黑夜的任何时间，这里总是人山人海。苏州河上的大桥，是情侣们拍摄结婚照的热门地点。无论天气多么热，他们都身着正式礼服，顶着头上无情的骄阳烈日。在这里，偶尔经过的船舶激起的阵阵水浪，拍打着防波堤。如果人类是陆地上的主宰，那么船舶就是河流中的主宰——江面上的船种类各异，有接待游客的游船、运输商品的商船、巨大的满载原料的轮船，还有在大型船舶中穿梭的小型船只，只能看到一两个人在船上。我从未在流经城市中心的河流上看到过如此繁忙的景象。伦敦的泰晤士河上总是空荡荡的，十分平静。巴黎的塞纳河只有零星的小游船——因为城市的河道上方到处是低矮的桥，商船无法从桥下通过。最重要的是，根本就没有可供船只停靠的码头！21世纪初，我在圣诞节期间游览过罗马，罗马的台伯河更是死水一潭，完全没有生气，漆黑的河水似乎不允许任何人的靠近。我甚至想不出在亚洲还有什么地方像上海这样展现出如此的航运活力。频繁往来的船只，不仅生动证明了这一点，还捕捉到了这座城市乃至这个国家的抱负与渴望。所有事物、所有人都处在快节奏的生活之中——他们所创造的未来将以飞快的速度建设完成，并且这未来必须是完美无缺的。

当利物浦的代表团来到他们的友好城市，我接待了他们。他们对上海的反应和这些年来我带领过的所有代表团差不多。外滩的一端有一家小酒吧，在这里可以清楚地看到上海是如何表现自己的。我会把代表团带到这儿，坐在室外的露台上，在晚风中感受一丝清凉。此时，上海夜间的美景便可一览无余了。每到整点，海关大楼顶部的钟楼会奏响《东方红》，这首歌曲会让人回想起1949年之后的中国。随着黄昏的降临，在某一时刻，外滩对面的摩天大楼上会上演神奇生动的大型声光秀。声光秀的舞台所在地浦东地区，曾经只是诸多仓库的所在地，此外便是大片田野。声光秀里有一幕，是一只正在游动的色彩艳丽的大鱼，但这图景中被国内外手表和服装品牌的广告打断了。我带来的客人，如果他们是第一次到上海，就会攥着手里的饮品（冰啤酒或红酒）坐在椅子上，一言不发。在他们眼中，这座城市就像一场美轮美奂的表演。从诸多方面来讲，也确实如此——仿佛一个了解自身魅力的演员用精彩的表演吸引人们目不转睛地观看。

外滩的风景从不让人失望。虽然我经常观赏这里的景色，但每次似乎都在向我讲述不同的故事。比如这座城市对人类情感和梦想追求的吸引力，再比如这座城市如何快速地融合不同传统和观念却依然坚定不移地保持自我，我所见的一切都彰显着它的身份和特征。凝视着外滩的全景，我会回顾在这片土地上走过的所有旅程。我可以自由地用我的切身经历、所见所闻和所感所言拼接成一幅完整的图景。外墙金黄的震旦大厦紧邻代表团成员经常下榻的香格里拉酒店。从这里出发，有一条奇特的江底隧道。光电表演投放在隧道的表面或者墙面上，电动观光车将人们从江的这头带到对岸，回到潮湿闷热的空气中重见光明。君悦酒店直冲云霄，我还是外交官时曾陪同一位显要的来访者到过这里一次。当我站在酒店的高层，闭上双眼，我能感到大楼在轻微地晃动。也可能只是我的错觉。围绕着东方明珠塔的是一座巨大的购物中心，它的地下是一座意想不到的城市历史博物馆，里面有一个世纪前的街道模型。每次我来到这里，都会增加一些感觉、印象和回忆。上海的夜景也具备同样的效果，让我陷入冥想，变得恍惚，并帮助我意识到上海的文化多元，让我知道它是多么难以归类。对于固执地持有完全不同和彻底隔离的观念之人，这是最好的解毒剂。上海之所以具有强大的视觉冲击力，是因为它令人感到熟悉、摩登、前卫；同时它又令人感到陌生，因为它推动现代化的活力和强度与欧洲截然不同。它不会谨小慎微，有时甚至大胆冒进。那些摩天大楼看起来十分不牢固，似乎一阵风就能将它们吹倒。但是没有人为此感到害怕，这个城市不会让人担心。

我在上海的经历就像是展览中的照片，每段经历都是相互割裂的，通常我在上海只停留几天，最多不超过几个星期。我来到上海，处理需要完成的工作，然后离开。我从未在这座城市生活过，也没成为过这里的居民。而这是让我对这个地方兴趣盎然的增味剂。我认识一些朋友，已经在上海居住多年，他们的体验就与我不同，这种体验的线性度更高，他们的生活和这个地方之间的距离也更小。对我来说，上海就像一个我道听途说来又转述给别人的故事。在这里，我是一个外来者，既面对无数障碍，又享有许多优待。这也许是我对这个地方充满热情和喜爱的源泉。也许这些都不是真实的，只是因为时间短暂而必然造成的肤浅的印象。即便如此，这种情况持续了近二十年，更有愈演愈烈之势。作为一段回忆，作为一个给人以激励和鞭策的地方，上海让我所感受到的一切，令我坚信不疑，这座城市从来不会让人失望。

时间限制了我在这座城市的体验。我必须严格按照计划安排活动——因为经常要赶火车和飞机，所以我只能不停地跑路，很难有宽裕的、自由安排的时间。在呼和浩特，我有大把的时间，我可以等待事情的发生，让其变得有意义。在北京，同样如此。我在那里有一份工作，并且居住了超过三年之久。但是在上海，我必须自己发现各种各样的事物——时间紧迫，我必须尽快找到它们，可能这非常符合在这座城市的节奏。从这里，人们可以看到中国的未来，看到这个国家的崛起，看到城市的生活，看到服务业的发展，看到中产阶级更高的消费能力。即便如此，我有时怀疑，虽然和所有与上海有交集的人相同，但我肯定错过了一些东西。我总是在该从不同角度看待问题的时候，仍坚持之前的角度不放。事实上，在很大程度上我是在自欺欺人，于是这座城市的真实便从我眼前逃脱了。

比如，我听说上海是一座摩登之城，只有150多年的历史。后来我通过翻阅美国学者华志坚(Jeffrey Wasserstrom)的著作了解到，上海的历史可以追溯到八个世纪前的元朝，甚至在那之前，已经出现了渔业活动。① 我还听说，上海是中国的商业和企业中心。政治经济学家黄亚生（Yasheng Huang）等人，让人们知道了国家在地方经济中所扮演的角色有多么重大。②很多人对误导自己的信息全盘接受，相信这些很快就会消散的流言。当利物浦的代表团成员们站在浦东江边眺望外滩的时候，他们一直自豪地重复一句话，眼前的建筑都是以坐落在默西河畔的美惠三女神［注：利物大厦（Royal Liver Building）、丘纳德大厦（Cunard Building）、利物浦港务大厦（Port of Liverpool Building）并称为利物浦"美惠三女神"（Three Graces）］为模板修建的。但是这么说没有任何道理，随同我们的一位来自英国的历史学家已经澄清过这一点。利物浦的建筑基本上是在 20 世纪初左右修建的。那时候大半个浦东已经矗立在那儿了。外滩的标志性建筑之一，是香港上海汇丰银行总部大楼。无论是大楼前那对漂亮的铜狮子、建筑物顶部教堂式的圆形穹顶，还是之前提到的海关大楼和旁边的和平饭店，没有任何证据表明它们的设计者和利物浦有关，它们也不是模仿其他地方的建筑修建的。所有人似乎都希望或者声称这座城市借鉴了自己的城市或与自己的城市有关。我想知道，为什么不能让它只属于独立的自己呢？这样的想法才更理智、更豁达、更正确。

---

① 华志坚：《全球性的上海，1850—2010：碎片中的历史》，伦敦：劳特里奇出版社，2009。
② 黄亚生：《中国特色的资本主义》，剑桥：剑桥大学出版社，2008。

在上海有限的时间致使我在那里许多愉快的经历都是偶然所得的——比如迷路的时候、填饱肚子的时候,还有去寻找某个地方但单纯因为好奇而走到计划外的区域的时候。由于一年中大部分时间处于酷暑之中,因此晚上以及深夜成为最适合做这些事情的时间。因此,我通常在阴天和傍晚的时候出门,这是露天活动时唯一方便和舒适的时候。这种理由听起来虽没什么稀奇,但是产生的效果是令人满意的。我对上海的记忆有一种电影的质感,我仿佛置身于一幕巨大的电影场景中,某些浪漫又刺激的冒险情节正在发生。外滩背后与其平行的几条街道上的历史建筑,并不那么有名,常被人忽略——正因为如此,才显得更具吸引力和趣味性。看到这些建筑时的感受是很丰富的——能发现成排的小企业、曾经的银行以及如今成为政府部门驻地的大楼。阴影中的门洞要么通向其他小巷,要么通向暗处的建筑物。经常走着走着就看不见别的行人了,只剩下我一个。偶尔会遇到意想不到的景象——住在附近的人们的宠物小狗跑到街上,提醒我这里是有民众居住的。忧心忡忡的宠物主人在后边慌忙追赶,弯下腰将它们抓起来然后带回家(它们几乎都是被精心照料、造型漂亮的小狗)。有的时候,会在黑暗的角落发现亲昵的情侣,他们在我路过时偷偷地抬眼看我,在确定我没有恶意后,注视着我消失在路的尽头。虽然上海极富活力,热闹繁荣,但这些靠近市中心的地方却十分安静,人迹稀少。只有街角边时隐时现的霓虹灯光时刻提醒我，这里距离流光溢彩、人潮如织的外滩有多么的近。

1991年，上海成为经济特区，此后至今，人们对于所谓上海的文化保护和上海文化独特性的认识逐渐觉醒。让上海成为重要的海运、空运和陆运物流枢纽的自然优势，在当时中国以经济发展为先的大背景下，可以得到促进和优化。此外，将其视为历史中心，让有历史意义的建筑得到应有的保护，这种理念也越发清晰。无论是外国人还是中国人都在为此努力。最早的一批也是树立样板的一批翻新项目，就是中外合作完成的。澳大利亚人米歇尔·嘉娜特（Michelle Garnaut）经营着米氏西餐厅和魅力酒吧，分别位于沿江而建的第三栋建筑的五楼和七楼。柔和的室内装潢、包括小羊排在内的种类丰富的菜单、进口的法国红酒以及大受澳洲人喜爱的奶油蛋白甜饼——这些吸引着大量的人前来光顾。这个地方最大的特点（在我常去的那些年，发现了它们很多的特点）是迎合了人们对旧上海格调的怀恋，随着生活水平的提高，这种格调依然受到人们的追捧。站在这里的露台上，我能感受到这里比我带别人去的小酒吧要奢华得多。我能想象得到数十年前来到这里的人们的感受，他们身穿燕尾服或者酒会礼服，走下从欧洲出发途经亚洲抵达美国的豪华游轮，他们的旅程才刚刚过半，未来还要在海上航行数月。说实话，他们在船上的时间实在太久了，差不多成为一种生活方式。也许这种生活方式从未存在过。当然，实际发生的事情可能比现在对过去臆想的情景更令人难以忍受——但是想象着将自己带入其中,站在古老的露台上俯瞰面前这座城市,然后重新意识到自己所处的时代,也是一件很浪漫的事。

上海新天地,毗邻人民广场和人民公园所在的政府办公区,被认为是区域内大量建筑修复和翻新的成功合作案例。20世纪90年代,这一历史文化区闻名遐迩,因为1921年7月,中国共产党第一次人民代表大会在这里召开。2008年前后,我去过会址纪念馆,当时我正在写作一部关于中国共产党过去、现在和未来的书。看着这些真实的人物曾经正式召开第一次会议的地方,我感受到了一段十分抽象和宏大的历史,无法轻易将其概括得更加实体化和人性化。纪念馆外的街道上遍布着餐馆、酒吧、咖啡馆和小商铺。新天地,意为新的天堂,对它的改造计划是总体规划的一部分,大部分项目由香港企业家罗康瑞(Vincent Lo)承接。我与罗先生面谈过,了解他对项目开工前和施工后不同阶段的想法。为了尝试讲述一个上海故事,这是他给我留下最深刻印象的回答,这个故事捕捉了上海在中国历史中的独特地位,它是连接中国与世界的桥梁,有能力平衡一直以来难以调和的现代与传统。狭窄的里弄里沿街开设的、有着木质和砖质外墙的商店,一定曾出现在许多电影的背景里,它们既展现着这座城市的旧时光,同时也是1949年以前决策制定和斗争上演的关键之地。国民党和共产党,外国煽动者和商人,所有这些形象都应该出现在这个故事里,都应在这幅宏大叙事中占有一席之地。如果白天前来游览，这里已经足够多姿多彩。但是到了晚上，它会变成永不停息的嘉年华。人们或乘坐出租车，或乘坐人力三轮车，或步行，在进入满是餐厅和酒吧的步行街前，先抵达某条小巷的巷口。他们的夜晚将融入之前的人们在这里度过的无数夜晚——冒险拼命、胡作非为。

利物浦关注的重点在于参加2010年上海世博会。这是一个非常实际的目标，可以看到两个城之间合作结出的硕果。2007年到2009年，利物浦的合作伙伴为了能在世博会上争取到一席之地作出了巨大的努力。要确保这次参会是有意义的，确保它能获得成功，不是一项简单的任务。我去过很多次利物浦，我惊讶地发现，对于一个认为甚至在英国都没有获得正确对待和关注的地方来说，上海是那么的遥远。利物浦人对自己的音乐文化深以为傲，尤其以甲壳虫乐队等音乐团体为代表。此外，他们的球队也全球闻名。但是，来到这座城市的中国游客却寥寥无几。利物浦市中心的唐人街，虽然因为港口的原因可能在欧洲是历史最悠久的，但是在规模上却是最小的，也最默默无闻。除了一条主街和几条岔路，屈指可数的几家饭店和一些中文招牌，就什么都没有了。虽然街口能看到高大的唐人街牌楼，但是街内的一切都与之形成鲜明的反差对比。

世博会也是一样，虽然在欧洲承办过多次，但当地百姓不一定理解它的深意。人们重视的是世博会的规模。上海的同事们来到利物浦，陈述了他们的设计。他们提到了黄浦江两岸无数公顷的面积，提到了他们正在筹备的即将成为世博园举办地的不同片区。他们预计仅仅半年时间内来到上海的参观人数将达到惊人的七千万，比整个英国的人口还要多。如果利物浦希望通过大肆宣传来提升自己的知名度，上海世博会是再好不过的机会了：这是一个展示自己、吸引投资者和游客的好时机，同时也可以与缔结为友好城市超过十年的这座城市建立更深刻的联系，现在是时候让这一切梦想成真了。

利物浦参加上海世博会的大部分招标和准备工作已经由专家们完成。随着时间的流逝，整个项目似乎扩大和升级了。预留给利物浦的展台在黄浦江北，离主大桥很近，那里之前曾是一家仓库，还保留着高高的烟囱。当我实地考察时，很难想象最终完成时它会是个什么样子。展台中有足球点球大战的模拟装置可供人们参与，同时还设有卡拉OK隔间，喜欢默西之声（MERSEY BEAT）（默西之声是英式入侵的音乐源头，一种摇滚音乐风格。）的中国听众可以进去体验。在利物浦，即便是小范围内，这座城市也很少出现漫布在地球另一端它的姐妹城市中的这种活力。夜晚结束会议或晚餐之后，走在利物浦城中，我能在市中心看到许多急需资金修复的建筑。其中较引人注目的是巨大的烟草仓库，据说是世界上最大的砖结构建筑。20世纪70年代，那里不再作为烟草仓库使用之后，曾有人尝试将其改造成酒店，但因为屋顶过低（烟草通常以长条形状放置，对仓库的要求在于宽度而不是高度）以及出于对历史建筑的保护限制而没有成功（事实上，几年之后，这一规划获得了批准。到了2018年，它已差不多得到完全的重新开发）。利物浦的商界人士梦想在中国找到商业合作伙伴，争取他们的支持，让这座城市部分壮观的物质遗产重新焕发生机。他们并不是在做白日梦。在圣公会大教堂的背后，有许多利物浦著名的乔治亚排屋——火车站附近的一栋建筑具有帕拉第奥式的前立面和柱廊，所有的一切都十分壮观，除了一点，这里已被闲置和废弃。在利物浦，还有许多出色的建筑物亟待保护和修复，但是它们在最近的几十年中一直被遗忘。最现实的选择是，两座城市可以进行合作，交换各自的修复经验。这起码意味着更深度的平等——平等的知识和真正的分享，而不是一方教导另一方如何做。这种方法是有效的，因为两个城市都清楚地认识到，有很多东西需要相互学习。

奇妙的是，我从未见到开幕后的世博会是什么样子。我为利物浦提供的咨询工作在2010年初便悄然结束了，那时正是世博会开幕前夕。我完成了所有能做的一切，需要继续其他的工作。不过，我真心喜欢上了这座英国城市，因为上海的关系，我对利物浦越来越熟悉。它证明了中国城市在国际上的吸引力。世博会结束以后，大量的参观者也不复存在，我应北京外文出版社和当地人民政府新闻办公室的委托，开始撰写一部关于上海的书。书中的大部分内容是关于从2010年的整个活动过程中学到了什么。当然了，从很多方面来说，世博会都是成功的。上海接纳了蜂拥而至的人群，让超过六千万中国民众有机会看到外面的世界。采访一些主要官员的时候，他们带着我参观了整个场地。其中一部分为世博会所造的建筑将保留下来。红色的中国馆至今仍在那里。同时保留下来的还有大受欢迎的沙特阿拉伯馆，现在它成了陈列室，场馆内部关于沙漠生活的 3D 全景动态展示依然还在播出，让参观者们明白为什么之前人们会排六个小时的长队来一睹它的真容。

一旦世博会闭幕，整个巨大的园区就笼罩上了一层荒凉之感。空旷的园区让我想起等待修复的利物浦的一些地方。园区内的一大片区域被改造为酒店。2012 年，当我写作关于上海的书的时候，我曾前去那里了解了整片区域未来规划的蓝图。局长告诉我，承办如此大规模的盛会需要面临许多挑战，例如，必须设置大量的临时卫生间。男士们还好说，但是女士们使用卫生间的时间要按照平均超过两分钟计算，他们竭尽全力确保不会出现看不到尽头的长队。英国馆很早就被腾空了，覆盖在建筑物表面、被放置在玻璃碎片内的种子，也已经作为礼物分发了出去。

实际上，写作一本关于某个地方的书，其中部分经验是，我必须构建一种与其他地方不同的、专属于这个地方的叙事方式，将其以章节的形式划分开来——分割成经济、文化、历史等不同方面，并试图将它们串联成一个整体。在一次访问中，我采访了下游港口设施的经理，他说像这样的地方，需要有商品的流通，同时也需要有信息的流动——当货品运输到遥远的世界各地的时候，证券市场、保险、风险评估，这些行业都对资金和及时的信息如饥似渴。作为重要的实体商品集散地，伦敦和纽约已经成为著名的全球知识中心，只有建立在优秀理念基础上的金融和经济基础设施，才能保证整体运作的成功。还有一位我已认识多年的商界人士，他的名气和声誉跟上海息息相关。在一家咖啡店里，他告诉我，这座城市最吸引他的是它的未来感。这是一座走在未来中的城市——这种未来感体现在城市的建筑、城市的规划以及对大量流动商品和流动人员的管理上。一位曾在世博会做志愿者的老先生，代表居住在这里的民众说出了对这座城市的看法。过去的几十年里，像老先生这样的人们从切身的角度见证了这里无数的变迁，这些变迁实实在在影响着他们的日常生活。对这些百姓们来说，世博会的召开是上海得到承认的标志，是国际社会对其城市的认可和肯定，这让他们感到无比自豪。

对于官员和学者来说——比如我在复旦大学、同济大学、上海交通大学的熟人和朋友——上海是一个战略中心。一个即将在上海完成投资目标的人曾说过，这里是一个打造满足中国需要、具有中国特色的金融企业的熔炉。伦敦的证券交易所已经虚拟化了，它不再是人们亲自前来完成交易的场所，也不必来查看彼此的买入行为，或是关注彼此间财富的涨跌。现在这些交易在全国数百万的手提电脑上进行，大量的个人投资者在自己的电脑屏幕上关注所购股票的上涨和下跌。我有一个好朋友，十分热衷于炒股，他往往会坐在咖啡馆，或者他的家里沉思般地默不作声，电脑页面上显示的都是图标和数据，然后几乎不停地买进卖出。这是当地市场的特性——快速地决定和行动，同时要求快速地回应。难怪说未来早已到来。在某种程度上，未来似乎已经成为过去时。

完成这本书的写作还需要倾听官员们的意见。开始写作前，我在上海做了一个月的前期调研。炎热的夏日里，我乘坐电梯上到他们在摩天大楼里的办公室，坐在十分正式的房间里，对面有时是一位，有时是两位或者三位政府的工作人员，向我阐释他们关注的领域。对一些人来说，最大的难题是如何安置这么多的外来者。游客不是问题——虽然两个机场的客流量一直在增长，新建的高铁站也从国内带来了前所未有的巨大客流，无论到哪一天，这里都有足够的床位接待这些游客。但是，那些到上海来找工作和就业、需要长期居住的人更需要被关注。这些新来的人口，有的来自农村，有的来自其他城市，他们在上海的身份可能是学生、上班族、建筑工地工人。这座城市扩张得如此之快，几年之内人口几乎翻了一番。乘坐出租车奔驰在高架公路上，无论是向西北的苏州方向、南下的宁波方向，还是沿着长度惊人的河口大桥两侧，或者再向西行，我都能看到大量的高层住宅楼，密密麻麻地矗立在各个方向上，就像一支住宿大军。人们在这些住宅楼里生活、睡觉和工作，乘坐最新的、装备有空调的、高效的地铁系统通勤。截至2015年，上海的地铁系统规模已经位列世界第三，仅次于首尔和北京。

一个人如何能真正理解一个有这么多单独个体的人们生活着的城市呢？官员们发牢骚说，不同类型的市民对城市的期望也有很大的差异：新进的中产阶级有高远的抱负、国际化的眼光，他们渴求越来越好的生活；涌入城市的务工人员，差不多是完全的外来者，他们通常在建筑工地和餐馆工作，每天工作很长时间——他们对我这样的游客来说是无声的存在，只有偶尔路过建筑工地或坐在餐馆里时，才会看得到。想要在全部是外来人口的地方形成凝聚力和社区感绝非易事，而在一些远郊地带确实是这样，所有的人都不是土著居民，全部是外地人。家庭的概念非常重要，但是后来我读到一个不幸的故事，一位老人死在城里，他的尸体几周之后才被发现。这种事应该发生在像英国这样家庭结构更加淡薄和松散的地方。毕竟，在一个将家庭视为最重要并且最可靠的网络纽带的地方，这种事情怎么会发生呢？

这本书逐步成型，其中一部分像本章一样，通过建筑来阐述城市的意义。上海鲜有古代建筑。金碧辉煌、以金色龙头装饰的静安寺，也是后来大规模重建的。没有任何渔村时期的文物遗迹留存下来，因为那时所有的东西都脆弱易逝。牢固的砖造建筑直到20世纪才出现，当时国外的建造技术已经进入中国，许多上述提到的中西结合的建筑被设计修建出来。上海在这方面确实是独一无二的。它是晚清最后几十年间中国立志成为一个现代化国家的证明。但那是一条遍布挫折、富有戏剧性、跌宕起伏的路途。20世纪30年代是这个时代的缩影。伟大的鲁迅和他周围的作家们,对于中国的出路和中国尝试与外部世界接触的方式,做出了最尖锐的批评。鲁迅故居以及作为那个时代杰出艺术繁荣创作的证明被保留下来的电影制片厂,与我在英国喜欢参观的、被作家们视为静谧圣地的那些地方有许多相似之处。毕竟,只能看到他曾经伏案书写的桌子和为了获取信息曾经翻阅过的书籍,大部分类似富有创作精神的作家的生活,几乎都没有什么戏剧性。即使是狄更斯这样生活丰富多彩的人——这一点可以从他四处游览的阅历、引人注目的公共活动以及他复杂的私生活中表现出来——也很难从他故居的陈设中看出端倪。他们与国王、王后、有名的公众人物不同,这些人所处的外界环境,暗示和支持了他们生活和行为的戏剧性。他们的生活空间更具私密性——对于作为访客的我来说,上海生活私密的一面是不得而知的。这座城市对外展示了出类拔萃的公众形象,但是这里人们的私生活却隐退到了幕后。

事实上,1998年至今,我从未去上海本地人的家里做过客。我确实拜访过一些外国人居住的别墅和公寓——虽然他们长期住在这里,一住就是几十年,但是在他们住的地方,我依然能够感觉到一丝暂住之地的气息。无论在呼和浩特还是在北京,我不仅去过当地人的家,甚至还在那里吃饭和留宿。上海就不一样了，我去的都是些公共场所，比如酒店、办公室和会议室。正因为如此，我深深怀疑自己是否具备洞悉上海人生活的能力。尤其是写书的时候，我感到在描述真正的上海的时候似乎遗漏了一个重要的方面，那便是现实的上海居民，一群有点儿神秘的人，他们拥有快速灵活的思维、绝世聪明的头脑和自信。我见过和交谈过的人们到了晚上会回到哪儿去呢？他们和伦敦人一样，似乎永远都在工作，待在公共区域里，很难想象他们有自己的空间来度过私人的时间。

和西方一样，私人时间的概念，即一个人能够自由安排，做回自己的时间，正在不停地遭受冲击。西方的工作习惯在这个城市占主导地位。浦东的金融区，林立着令人眼花缭乱的现代主义建筑，这里相当于伦敦中心的金融城（the square mile），或者纽约的华尔街和大都市区。铺着大理石瓷砖高耸入云的大厦、空调控温的宽阔大厅，是你所能看到的一切。偶尔，我因为参加会议或面谈来到这里，但上楼需要先获得许可。大楼里的冷气像高压水雾般扑面而来，等待许可的时候，体内的热气也随之散去。透过眼前的玻璃幕墙可以看到整个城市，有人告诉我，这里超过二十层高的大楼有两千多栋。一些公园散布其中，绿油油地十分显眼。此外，还能看到蜿蜒迂曲、航运繁忙的黄浦江和它的支流。楼内的装饰风格是通用的，和别的地方没什么不同，只有一些零星细节让你意识到是在中国。目之所及的一切都是标准化的，和世界上所有大城市如出一辙——也许只有这样才能加入循环往复的资本主义原则主导下的全球经济。

曾经大部分中国人都居住在农村,至今还留有在农村生活的记忆。费孝通(Fei Xiaotong)是一位著名的社会学家,20世纪30年代曾就读于伦敦政治经济学院,1949年回到中国之后,他创建了一支社会学流派,运用一套绝妙的知识性和描述性术语来设想和理解中国的社会关系。在1947年出版的《乡土中国》(From the Soil)一书中,他谈到了这样一个世界,在这个世界里,所有的社区规模都很小,并以可视性概念为主导,人和人之间相互认识,无论是家庭、婚姻还是商业合作,每个个体都处于群体关系的中心位置。[1] 费孝通描述的世界一点都不抽象。在那里与你做生意的人以及你可以依赖的人都在你的身边。这种亲近的关系意味着,如果你背叛别人或让别人失望,那么将会付出极高的代价。这些人是你的邻居和好朋友,是你每天都会遇到和打交道的人。你没办法从他们身边逃离。如果你做出什么不轨之举,那么每天都要面对其造成的恶果。

从很多方面讲,1978年开始迅猛发展的城镇化进程,不仅对中国的物理空间性质产生了深远影响,同时也对中国人的精神世界和人际关系产生了影响,这一点和许多正在快速城镇化的地方一样。人口流动加剧。数百万人口背井离乡前

---

[1] 费孝通:《乡土中国:中国社会的根基》,加特·G. 汉密尔顿与王铮译,加利福尼亚:加利福尼亚大学出版社,1992。

往外地，有时是非常遥远的外地，在那里工作、建立家庭，但却没有归属感。上海这样的城市人口激增，20世纪80年代上海有700万人口，几十年后这一数字增至三倍。突然之间，人与人之间的关系已不再那么清晰明确——新型的社会关系亟待成型。像上海这样的中心城市，是锻造这种崭新的中国社会关系的熔炉——这是历史上第一次生活在城市中的人口数量超过了农村。这对日常生活的性质产生了影响，意味着客观的规则更为重要，新的规则有待确立，人们要重新定义何人是朋友，并以全新的方式结交朋友、维护友谊。但是，这也意味着在西方社会业已形成的工作和休闲之间的界限已经进入中国。因此，出现了工作生活和私人生活的区别，它们发生在不同的地点，彼此远离、没有交集，只有上下班的通勤将两者联系在一起。农民和农村人口就在居住地工作。上海的金融工作者们虽然工作非常辛苦，但是在假日里，或者周末，他们可以在家中享受私人生活。他们的房子不是政府分配的，我在呼和浩特时所知道的那种工作单位模式里，政府会分配住房。但是他们的房子不是政府分配的，而是通过贷款、向朋友借钱、向这座城市新近建立起的网络寻求帮助这样的方式自己购买的。

　　夜深时分的浦东地区和夜深时分的伦敦一样安静，所有人都已经回家。偶尔只有大型商务楼里还亮着零星的灯光。显然，还有人在工作，可能正在和几千英里外的市场沟通，也可能正在准备第二天的项目演示和介绍。下班之后，人们行色匆匆，身上穿着国际商务套装——西装、短裙、高跟鞋、领带。从概念上讲，他们也说同一类型的语言——比如盈利亏损倾向、市场观察、资本积累的时机把握。他们都配有智能手机和电脑设备，和别的地方一样使用同样的应用程序和信息传递软件。微博和微信是人际沟通的标配，之后几次我再去上海的时候，出现了拿着别人的手机扫码加好友的奇特社交礼仪。在虚拟世界里，你又一次建立起了一个关系网，理论上你必须认识、验证并同意对方与你建立好友关系。抵达上海之后，在微信上发一条信息，碰巧在那里的人们就可以联系到我，询问我是否能够见面，告诉我他们在做些什么。它创造了类似于私人接待的东西，当我来到这座伟大的城市时，能够在宽广无垠的网络世界里往返进出属于我自己的交际圈，获得无休止的移动盛宴。

"我爱上海"是出现在浦东摩天大楼幕墙上的诸多图标之一，每到夜晚，这四个字会以耀眼的红色被点亮。如果我在外滩附近船长酒吧的屋顶露台上，就可以看到它。在后来的日子里，随着代表团的到来，向他们讲述、解释和传达我对这座城市的感情，显得尤为重要。这种感觉像是在分享一个秘密，分享只有现在的我才能真正言说的喜爱之情。和大多数喜爱的感情一样，它有点难懂，偶尔让人不知所措。代表团到达上海的第一夜，在从浦东机场回市里的路上，我会对车上的人说，对那些从未到过上海的人说(这些人占绝大部分)，他们将要见到的是世界上最伟大的城市之一。但他们通常没有意识到这一点：上海没有得到应有的了解和关注。这些人走遍全球，他们旅行包上的品牌标识让人一眼就想到该品牌源自哪里——可能是米兰、巴黎、伦敦、纽约，有时候还可能是香港。但是我不知道为什么上海在这方面默默无名，因为在氛围、活力和野心等诸多方面，上海与上述那些城市相比毫不逊色。

和代表团在一起时，我发现，随着他们在这座城市阅历的增加，我在这么多年积累起来的对上海的喜爱，有一部分开始传递到他们身上。我第一次去上海是在无人陪伴、毫无准备的情况下，身边没有人告诉我任何令人信服的理由让我喜欢上这个地方。如果当时有那样一个人，可能我对上海的最初体验就不会是一团混乱、时时崩溃了，而更多的会是一些容易控制的、有人答疑解惑的、令人愉快的感受。事实就是这样，如果没有可以作为向导的人，上海是很难应付的。无论是咖啡厅、酒吧、餐馆、星级酒店，还是从南京路走到位于人民公园中心的上海博物馆，随着我们去过的地方越来越多，我发现代表团的成员们也越来越善于思考。只需要一两天的时间，他们便开始接纳这座城市躁动不安的能量，他们也会变得激昂起来，就像江面上夜以继日不停经过的船舶似的。对上海有了初步的了解之后，虽然还算初来乍到，但许多人已经开始寻找自己的上海，去发现适合自己的特别的地方，那可能是一家酒吧、商店，也可能是某个隐蔽的角落。

从那个时候起,他们的上海与我的上海渐行渐远。这座城市非常大,因此值得人们一直来这里探索和发现,找到专属于自己的那个上海。

最后几次去上海,我停留的时间比通常要短一些。但是它们总会触发我的回忆——想起之前的每次到达和离开,想起我遇到的人们,想起我在那里度过的时光。比如说,有个新加坡人,来到上海攻读博士学位。她向我推荐了一家位于小巷深处、自称完全绿色环保的酒店。她还带我去吃过饭,向我讲述她对于中国参与国际事务的看法。后来,她离开了。同样离开的还有一个英国人,他已经成为上海历史的专家,他不仅写作,还在外滩当导游,为游客讲述每一栋建筑背后的故事,它们为何而建,又如何幸免于难,那里发生过什么事件,又有哪些人在此居住,他的故事重新赋予了这些建筑生命。一位翻译,曾经随同代表团而来,由于对商讨的内容感到十分厌烦,她看起来心不在焉,甚至坐在前排的椅子上打起了瞌睡,只有当她被推了一下的时候才醒过来,没有丝毫犹豫地继续同声传译的工作。一位出版商,邀请我一起去一家小酒吧,在那里向我引荐了他的同事,一个来自美国的前船长,他的睿智刁钻和放松从容几乎陪伴我们度过了整个下午。"我妻子本来应该知道我在这儿,"他故作悲伤地说,"只是上次见面的时候,她不肯给我她的电话号码。"

上海也有一些政府官员,比如外交官,他们中一些人的工作地点几乎遍布世界各个角落。上海作为职业生涯的最后一站，可以算非常华丽的结尾。其中一位，虽然从20世纪60年代就开始从事相关工作，但是在喝酒方面比他手下的人都要厉害，最后他在喝酒比赛中获胜，一直到最后一间酒吧都保持着清醒的头脑，而我们早已烂醉如泥、不省人事。还有些人则胸怀更高的目标。一位英国商人在上海开办了公司，宣称自己制订了一项宏伟的计划，能够协助当地政府重新开发当地的重要地段，这一切听起来似乎是可行的，直到他消失不见。他的消失和他的到来一样突然，只留下身后的债主还在找他，但是就像追逐大风天飘散的烟雾一样，很难有什么结果。北京有漫长的历史和美轮美奂的建筑。但是上海，最重要的是这里的人——来自世界各地的人。正因为如此，我短暂而频繁的访问也许是捕捉这个城市情绪的最好方式——它永远都在变化，绝不会一成不变——它是一座不知停歇的、躁动不安的、活力四射的城市，最重要的是，它有着浓浓的人情味。

第四章
西安

西安给我的第一印象是，机场离市区非常远。我通常在白天到达，如果你也和我一样，那么就能看到高速两侧古老的风景——干燥的地表，有的地方泥土直接暴露在外，古老的天空俯瞰着年代久远的土地。

陪同公爵访问是一项艰巨的任务。他带着一队随从——人数不多，但要求很高。一群人中最显眼的是他的保镖，曾担任一位公主的贴身护卫。我们在不同的地点之间穿梭往来时，他多年来在警察部队的丰功伟绩就成为我们路上的谈资。负责管理公爵服装的男仆不爱说话，他和秘书并肩坐在后座上，不时偷偷交换眼神。公爵亲临之前他们已经来过两次，查看酒店的总统套房、巡视面谈的会议地点，还参观了我们需要考察的工厂。经过所有这些细致入微的调查工作，一定能够确保公爵亲访的时候万无一失。但是公爵已经不再年轻，因此每天晚上必须在九点之前入睡。这一条是铁律，每天的行程安排必须满足这条铁律。

团体陪同意味着要一直和他们在一起。首席顾问是一位年长而且漫不经心的人——他曾在政府部门工作了许多年，对他来说，这是最后一份工作。他总是带着厚厚的会议资料跟在公爵身后，除了每天晚上九点的宵禁，他最主要的关注点是用餐时间的安排。无论发生什么，晚餐必须安排在六点左右，否则公爵会感到不悦。这一点没得商量。

幸运的是，西安知道该如何接待显要人物。比尔·克林顿担任美国总统的时候曾在这里接受招待。那是1998年前后，现在还有他抵达凯悦酒店时的照片，一大群酒店的员工和经理在他下车的时候列队欢迎他，那位经理至今仍在凯悦任职。还有许多国家元首访问过西安。有天晚上，等待代表团的时候，我在这些照片中发现了一些熟悉的面孔。其中有法国总统、英国首相和副首相、西班牙王后、世界银行行长。看起来好像所有人都到过这里。我怎么会已经离开了这么久呢？

公爵来西安是为了做商业推广。那是2001年，当时的西安还保持着神秘的状态，我唯一的造访是因为那里有航空工厂，而这正是我在大使馆工作期间所负责的内容。西安有两个重要的工业中心，但都距离市中心很远。我不得不沿着漫长的道路前行，穿过混乱的环路口，扎进狭窄的小巷，顺着看起来像是近郊工业区的地方继续走，一直快走到乡下，一片工厂区才出现在我眼前。这些工厂于20世纪50年代搬迁到这里，当时为了躲避苏联的威胁，内陆地区开始工业化。走在航空发动机厂或航空工厂宽敞的厂区内，我可以体会到国营企业是多么的庞大。这里是从事占据经济制高点的行业和处理特殊技术的地方，其中有的在20世纪60年代早期就和英国的劳斯莱斯建立了合作。特别是1978年改革开放以后，随着对外交往的增加，越来越多的外国企业入驻西安。比如，美国的通用电气、加拿大的庞巴迪、巴西的航空工业公司。每一家企业都是合资企业，都有独立的厂房区，可在其中作业。作为没有任何技术背景的人，大型机械和各种配件的流水线在我眼前毫无意义。更吸引我的是工厂区周围的生活设施，比如，各种各样的食堂，从我们的视线边缘走过的穿着制服的工人，从远处看上去像宿舍的建筑。再远一点的地平线上，可以看到成排的公寓楼和我在呼和浩特的医学院里居住的公寓差不多。

我们带公爵过来的时候，是有车队护送的，最前面的车还装有闪烁的红灯。我们经过的时候，人们纷纷注目，想知道是不是某个熟悉的人——国家元首或是知名公司的领导。公爵本人远没有那么高的知名度。改革开放之后不久的1979年，他曾到过西安，这是在那之后第一次回来。据他所说，不只是西安，包括我们一起去过的北京和上海，都发生了翻天覆地的变化，变化之大让他感觉像是到了一个全新的国家。他说，从看到的景观到人们的穿着妆容，所有一切都发生了变化。晚上和他的团队一起待在酒店时，他还说到，第一次来时，这里到处都是自行车和小货车，但是现在，道路上满是汽车，城市里遍布类似商业实体的企业，这实在是非常了不起的变化。

来到西安意味着可以回顾过去，因为这座城市承载了太多关于中国历史的记忆。这座城市在中国的帝国历史中占有不可撼动的地位。从7世纪到10世纪的几百年间，它是大唐的都城。甚至更早以前，它是两千年前第一位皇帝秦始皇统治下的首要之都。这就是我以前经常提到的历史——它既复杂又漫长，变化无常又势不可当，它与现代中国人核心身份的构建息息相关。这段历史，以前没有终结，未来也不会。它就像巍峨群山，耸立在我的面前，让我难以到达终点——真正理解中国这个国家和她的文化。如果我执意要去往终点，必须想方设法翻过这些高山，克服半路出现的巨大障碍，努力找出一条正确的路。要做这件事没有捷径可走。想要弄明白这段历史，让它变得有意义，每个人都必须设法在头脑中设立一个框架。对我来说，最生动的方式就是去尝试着通过现代西安的实际格局和意义去发现它的历史。当我乘坐飞机从北京前往咸阳机场时，就像我经常做的那样，我不仅仅来到了西安，还回到了过去。我试图多获取一些知识，为我的故事增加一些色彩——这个故事里讲述的不是我现在认识的中国，而是关于我还没有在这儿生活以前的中国。

这样做的核心是这次旅行,从市中心到兵马俑遗址所在地大约需要九十分钟,通常去那里需乘坐私家车而不是公共大巴或火车(当时这个地方还没通火车)。很难对我即将面对的东西做出解释,因为它非常复杂。无论是叠加在一起的传说和现实,还是当时密集的商铺兜售纪念品的方式(当时是21世纪初——现在这些商铺已经被更现代、更规划、更干净整洁的专卖店替代),都会对人产生误导。它们将游客引入歧途,让游客认为他们即将看到的东西没那么惊人和震撼人心。而且,具有反讽意味儿的是,参观兵马俑的过程更为艰难,原因是进口处的吃喝兜卖及广告宣传给人的感觉与博物馆内不失崇高的氛围形成了两个极端。兵马俑实物大小和微缩版本的复制品,拉近了兵马俑和人们的距离。这种亲近感在走进博物馆后是感受不到的。我穿过重重大门,从永远宽敞明亮、人山人海的前区进入主要俑坑的展厅,站在俑坑上方的平台上望着下面成队排列的陶俑,它们看上去就像是从干燥的棕色土地中直接冒出来的。最具冲击力的景象是在坑里更深处的地方,一些刚挖掘出来的士兵和战马的陶俑躺倒在地上,虽然支离破碎,但依然栩栩如生。他们看起来像是有生命似的,似乎正挣扎着从泥水中爬上来呼吸,重返现世。

铜车马的复制品在另外一个展厅里,想看到它不太容易,因为那里人非常多,几乎都是中国本地的游客,他们几乎趴在覆盖着铜车马的玻璃保护罩上。精美绝伦、装饰豪华的铜车马,是这个世界上最独特的珍宝之一。如果我耐心等待,如果我来的次数足够多，停留的时间足够长，持之以恒地守在黑暗的展厅边缘，那么或早或晚，我总能捕捉到游客稀少的间隙，让我可以长时间、仔细地观赏面前的铜车马，将它看得更清楚。长时间的凝视让我觉得它再次变得真实生动起来，通过它，我似乎看到了它所处的那个时代，看到了我之前提到的那段历史，而我一直努力理解那段历史，然后将它著述成有意义的故事，讲给我自己听。

博物馆建筑群的神秘感还来自这样一个事实，始皇帝长眠的陵寝就在兵马俑坑稍靠北边的位置。如果不是知道下面埋藏着什么，未被发掘的秦始皇陵就是一个普通的土丘，看起来没什么特别。和元上都类似，这个地方覆盖着茂密的植被，只能从隐约可辨的封土形状看出这里是帝王的陵寝。当然，优秀的《史记》译本很容易找到，这本巨著由史学家司马迁写就于 1 世纪，其中记述了秦始皇的统治、驾崩和厚葬。考古发掘记录证实了这部伟大作品的准确性。然而，这座陵寝一直在沉睡，它几乎被完全遗忘了，直到 20 世纪 70 年代，一些农民和当地的历史学家发现了第一座兵马俑，紧接着成千上万的兵马俑终于重见天日，至今仍不断有更多的兵马俑被发现。我对自己解释说，以目前的技术去挖掘秦始皇陵是不安全的。地热辐射制图显示了封土下边有什么东西。但是，因为无法确保地下文物的安全，探测人员停止了作业。司马迁笔下秦始皇陵巨大的墓室和流淌着水银的河流继续沉睡着，等待着被重新发现、重见光明的那一天。

虽然之前已做好准备，但第一眼看到这处遗迹的时候，我依然感到困惑茫然。信息量太大，让人无法轻易接受。此后几年之内，多次回到这里，我的问题更加清晰明了，那就是这种困惑一直无法消失。至少在欧洲，没有与之类似的东西存在。英国同时期的建筑多为修建于山顶上的堡垒要塞，比如梅登城堡，它的修建更注重实用功能，几处墓地遗迹并不起眼。金字塔或许可以与之比肩，但是它们的年代更早，代表的权力象征和信仰体系也与中国社会不同。司马迁赋予了兵马俑们个性和声音（注：史记没有关于兵马俑的记载）。我们对与这个地方有关的、修建这个地方的人们有了一定的了解，比如他们的性格，甚至是外貌。他们或许长眠于地下，但他们并没有保持沉默。当我近距离观察的时候，我发现兵马俑的面孔并不是千篇一律的，恰恰相反，每一个兵马俑都展现着独一无二的个性——无论是它们嘴的形状、脸上的表情，还是或睁或眯的眼睛，甚至它们的姿态都各不相同。没有两个完全相同的兵马俑。

无论每次去参观兵马俑博物馆是在什么情况之下，我对它的结论永远没有变过。和公爵的团队一起去时，我们获准进入离俑坑更近的贵宾参观平台。从这里向下望去，看着数不清的兵马俑，我心中涌上的是对荡气回肠的中国历史的感慨，对大秦帝国的赞叹。整段秦朝的历史无一不让人感到震撼——它们胸怀野心征服六国，仅仅在几十年之内建立起庞大的帝国；它们兴师动众，修建了许多大型工程，从今天的角度来看，似乎很难理解它们的功用。但是无论如何，它们都彰显了帝国的雄心。作为秦朝的后人，这一雄心壮志再次出现在这个国家的当代历史中，改革开放改写了这里的地理面貌，按照人类的理想重新对其进行了排列组合。兵马俑和秦始皇陵是象征皇权的纪念碑，这是毋庸置疑的，但是它们同时也充分证明了人类的力量，证明了希望的强大激励和人们对改造世界的渴望，虽然有时会获得成功，有时完全不计后果。无论规模如何，这都是整个人类的丰碑——尽管它所体现的人性方面，经常让人感到有点害怕。

大约在一千年以前，伟大的唐朝登场了，这是西安最辉煌的全盛时期，可以想象整个城市会有多么的壮观和繁华。几百年间，许多朝代政权在这个城市周边留下了印记，来陕西旅游的人们可以看到它们的遗迹。机场附近有一处汉代遗迹。汉朝的历史悠久漫长，从公元前2世纪到罗马帝国开始衰落的时代。将罗马帝国和汉王朝比较是十分自然的，尽管大部分史学家都认可罗马帝国和汉王朝占据着各自的疆域，从未有过交集，但是两者有着相似的抱负和对外扩张的野心。[1]

由于靠近机场，如果在飞机起飞前有最后的时间的话，非常适合去规模不大的汉阳陵博物馆游览，那里陈列着许多

---

[1] 有一部优秀的学术著作比较了这两个时代，由德国汉学家沃尔特·沙伊德尔编著，书名为《罗马与中国：古代世界的帝国比较研究》，牛津：牛津大学出版社，2009。

小型俑。虽然和秦始皇兵马俑相比，这里游客数量锐减，十分安静，但是展品更容易让人接近，也没有令人敬畏的规模。敬畏往往产生一种破坏性的和不舒服的感觉。正因为如此，这些俑看起来居家、有趣，像是巨人的玩具。这里有精雕细刻的动物俑，小个的男人俑和女人俑，均不超过一英尺。在他们的陪伴下，这是一种更简单的标记墓主人通往来世道路的方式。因为这里的游客很少，我可以坐下来仔细地观察这些陪葬俑，想象着自己进入它们所来自的那个世界。

　　大唐时的西安叫作长安。有位学者将这一时期称为古代中国的世界性王朝。[①] 我知道一些欧洲同一时期的历史。当时分崩离析的神圣罗马帝国深深地陷入了长期的衰落之中，帝国衰落的过程被精彩地记录在近代英国历史学家爱德华·吉本（Edward Gibbon）的权威经典著作中。[②] 那是关于一些领导者们越来越无能、越来越残暴的故事，其中一些皇帝亲眼看见了本应由他们负责的民众被施以令人发指的暴行。对英国来说，隋朝覆灭和唐朝建立的 7 世纪早期是一段十分复杂和焦灼的历史时期。公元 409 年，罗马帝国从英国撤军后，关于这个国家的文献记录似乎也归于沉寂。只有零星的文学作品幸存下来——6 世纪中期，圣吉尔达斯（St Gildas）长篇大论的哀诉，似乎模糊地记录了针对当时英国土著的种族

[①] 马克·爱德华·刘易斯：《中国的世界性帝国：唐朝》，美国：哈佛大学贝尔纳普出版社，2009。
[②] 爱德华·吉本：《罗马帝国衰亡史》，伦敦：企鹅出版社，3 卷本，2000。

灭绝。[①]不过，后来的考古学提供了一种更加精确的结论。DNA 记录没有显示出根本性的人口变化——虽然北欧地区移民加剧，但是总的来说本土的人口基本没有大的变化。一些发掘出的遗址则显示了更加复杂的信息，其中一个证实了经济衰退和萧条的理论，而不是吉尔达斯笔下种族灭绝和谋朝篡位的故事。像我在英国居住的城市，毗邻坎特伯雷，只不过比有人居住的废墟稍好一些，但这大概是因为没有经济活力，而不是因为被征服占领。直到公元六百年左右，随着基督教的回归和重新兴起，城市的生活才开始回归。

同一时期中国的书写文献记录则要完整得多。虽然中国正处于隋唐朝代更迭的动荡之中，但是几十年之内，一个崭新的大一统王朝把历史上差异冲突不断的各色种族高度融合在一起。当时有百万人口居住的西安处于这段历史的中心位置。它是通过中亚向中东甚至更远的地方输送货物的贸易通道的起点和终点。这一时期的遗迹，散落于今天西安城市中心的各处，多位于圈划出主要城区范围的古城墙内外。在英国，我知道一处让人印象深刻的建筑，那就是位于英国中部布里克斯沃斯的一座古老壮观又神圣庄严的教堂。这座伟大建筑的墙面上有罗马砌砖的碎片和小块的料石，上面可以看到遭受火烧的痕迹，这些可能是在公元一千年左右，维京人

[①] 吉尔达斯：《论英国的废墟》（译自拉丁语），宁静出版社，2009。参阅罗宾·弗莱明所著的《罗马之后的英国：公元 400 年至 1070 年间的兴衰》对这一时期的精彩描述，伦敦：企鹅出版社，2011。

入侵进攻时留下的。无论如何，布里克斯沃斯幸存了下来，并且保留了较为完整的结构，难怪它被20世纪早期的英国建筑史学家A.W.克拉彭（A.W. Clapham）称赞为"或许是阿尔卑斯山以北最壮观的7世纪建筑遗存"。[1] 近代的学者对教堂的修建时间提出了异议，认为应再向前推大约一百五十年。但毋庸置疑的是，当大唐的建筑在西安一座座拔地而起的时候，远在地球另一端的布里克斯沃斯也在建设之中。虽然方式不同，但和它们一样，布里克斯沃斯的建筑也保留了那个时代的记忆。[2]

西安的大雁塔周围有一些古迹。大雁塔是一座高大的建筑，我上次去的时候，塔前新建了公园，可以看到喷泉和许多步道。大雁塔和中国古代一位非常著名的人物有关，那就是做出伟大壮举的玄奘。他徒步进入中亚地区，游历时间超过二十年，有时甚至成为阶下囚，但最终将佛教的经典和传统带回中国。玄奘的西行记被记录在大雁塔附近的大殿内。佛陀的形象和佛教的信仰体系，表现在大雁塔及其周围的古迹中。一些建筑师认为，英国的教堂是需要解读的，大雁塔周围的建筑在这一点上与英国的教堂类似，它们的结构充斥着象征意义，蕴含着一种符号系统，向信徒们暗示了进入来

---

[1] A. W. 克拉珀姆：《诺曼征服之前的英国古罗马风格建筑》，牛津：克拉伦登出版社，1930。

[2] 大卫·帕森斯与戴安娜·萨瑟兰：《盎格鲁－撒克逊的圣徒教堂：北安普顿郡布里克斯沃斯：勘察、发掘及分析，1972—2010》，英国：剑桥大学出版社，2013。

世之路的方法，以及他们的灵魂可能到达的来世的模样。佛教的象征意义十分丰富和复杂，它根植于多元的、混合的、悠久的传统。但是作为一个外来者，我很难对这些作出解读——关于这一点我已经在呼和浩特的章节中提到过，我讲述了在老城区一座寺庙里游览的经历。大雁塔本身由大量厚实的木质骨架结构支撑。登上塔顶的观景区域，你能感到作为修建于 7 世纪的建筑，它是非常坚固的。日本奈良的佛寺和这里有些类似，几年前我曾去参观过。它是世界上最大的木结构建筑，其宏伟的大雄宝殿和雕刻精美的屋顶是如此之宽广，以至于站在殿前的人们除了它再也看不到别的东西了。

当然，就城市本身，西安保留了中心区域这种古老的街道网络的感觉和帝国中心隐约的边界。楼宇宫殿消失已久，只留下零星微小的印记，比如主要道路的规划，还有提醒人们某样东西曾存在于此的信息板。这里和英国一样，以名字来纪念不再存在的东西——可能是已经消失的城门、杳无踪迹的寺庙、无法敲响的古钟。围绕着西安市的城墙和北京附近的游客众多的长城一样被修复如初。城墙之内的西安（禁止修建高层建筑）凹陷了进去，使它看起来像是正在躺倒休息，或者已经睡着了。当我走在街道上，我发现这里和中国其他地方一样，无论是深夜仍亮着灯光的临街商铺、墙面覆盖着瓷砖的大楼，还是正面从不挂牌匾的政府机关，到处体现了当代中国的特色。工业区被驱逐到了较偏远的地区，之前提到的距离市中心一个多小时车程的航空发动机厂就是其中之一。科技行业被安置在两个新设立的特别园区里。我分别陪不同的代表团参观过这两个科技园区，它们均拥有巨大的厂房，分散在道路的两旁，而道路的铺设仅仅是为了进入科技园区和厂房的需要。大学区位于更靠近市中心的地方。建立于20世纪50年代的西安交通大学和西安外国语大学距离古城墙非常近，走路就可以到达四个主要城门中的一个。

对于城市的建造者和现代化设计师们来说，大量的历史遗迹，尤其许多还未经发掘的遗迹，经常成为他们的障碍和绊脚石。建筑师和开发商对于只能在距离市区九十公里的地方修建机场满腹牢骚，那是因为，如果选择离市区较近的地方，一旦开始探测，他们就会发现一些埋在地底下的重要遗迹，接下来，他们不得不展开调查和保护，并放弃一开始的工程计划。虽然地处内陆，但陕西历史博物馆是中国——也可能是全世界——最著名的博物馆之一，许多重要文物都被收藏于此。比如一个从地下重见天日的马车模型，车上还有乘客和塑像，或许是车夫的奇特形象，这辆马车独自占据一个展厅，大部分时候周围都挤满了好奇的人群。再比如，这里还有许多闻名遐迩的唐代雕像，有舞女、官员还有旅行者和他们的骆驼。这些雕像已有一千多年的历史，依然光彩如新、充满活力，但和兵马俑不同，它们的脸上是千篇一律的刻板表情。当我来到西安，我有时候选择一天中的晚些时候去博物馆，走在展厅中，我会想象到了夜晚这里的样子，这些沉睡的雕像可能会复活，重现它们被制作出来的那个时代城市里人们的生活。

回民区的生活充满生气，这片区域位于一个广场旁边，以一条新修建的地铁线路（其修建工程量巨大并避开了所有古代遗址）为界。钟楼饭店就坐落于此。自从 20 世纪 80 年代西安开始吸引大量游客前来观光起，这里便受到外国人的欢迎。从这里走到回民区人潮拥挤的街道只需要几分钟。但走进这里，我的注意力经常被各种各样的小商铺和他们五花八门的推销手段吸引了去，这些商铺有的卖吃的和纪念品，还有的卖衣服和书籍。一位朋友曾带我去过德发长（De Fa Chang）饺子馆，位于一个三层的仿古木制建筑里，这里总是充满了食客，即便是下午三点左右或者深夜，这种并非一般人们用餐的时间也不例外。这里的服务蛮横粗暴，而且没有时间让你注意用餐的礼仪和细节。但是上菜很快，几乎刚下单就上桌了，食物的品质也始终可以保证——一屉又一屉的大个肉馅饺子，通常蘸着辣椒油、酱油和香醋一起吃。当然，许多人还会再点几碟小菜。厨房就像是热闹的饺子馆里一片平静、克制的绿洲——里边是满满当当的人，有的在揉面，有的在包馅儿，还有的将饺子码放在笼屉上准备上锅蒸制，在这么拥挤的空间中他们依然能行动自如，这简直是个奇迹。但是整个流程必须是高效的，这样才能保证数量庞大的顾客可以及时用餐。食客们对在这里吃到的东西还是很满意的，起码我每次都吃得十分满足。

回民区最吸引人的并不是清真寺，虽然它们是很好解读的建筑，而且我可以四处转转，为其寻找恰当的解释。最有趣和激动人心的往往是一些意外的小发现，它们展现了久远悠长的历史对今天人们生活的影响。比如我发现了一个小剧院，剧院前的宣传语写着这里表演的是"秦人的传统艺术"——皮影戏。因为表演语言是中文，所以来这里的外国人屈指可数。不过我认为，看着精雕细刻的人物剪影动作流畅地讲述着本地的民间传说故事，这在视觉上十分让人着迷。这些故事到底有多古老呢？它们又如何融入人们的现实生活之中呢？经营皮影戏表演的剧团也笼罩着神秘的气息，让我想起之前在英国看过的一部电影，讲述的是移动露天游乐场里的模型变成了真人的故事。但是当我坐在人数不多的剧场中央，被看不见的手操控的皮影小人儿以及它们投放在白色幕布上的剪影，精彩地演绎了一出出故事。

在市场街上，还有许多别的地方供游客购买文化产品。用亮丽的原色创作的"农民画"再次流行起来，红色和黄色的色块在画布上简单地罗列在一起。画中描绘的是理想的生活，吸引着对乡村有怀旧情结的人，让人们想起农村在这个地区以及这个国家的历史中扮演的角色。但是只需走出城市，你就能发现，即便在同一个地方，农村地区也非常复杂多样。宝鸡距离西安有大约九十分钟的车程，两个城市之间的高速公路刚刚通车。和许多依赖像是制造业或者采矿业这种第二产业的城市一样，宝鸡到处都是工厂。我曾遇到一群非常实际的政府官员，他们陪着一位在当地工作的急性子的德国顾问——他们的目的十分明确,那就是出口本地的矿产。然而,显而易见,他们对外部世界的想象并不复杂。在距离西安市更近一些的半坡遗址,考古学家发现了更加古老的东西——新石器时代的人类曾在这里定居,并留下各种遗迹。去半坡遗址的那一天,我还顺便参观了华清池。1936年中日战争爆发前夕,国民党党首蒋介石被张学良带领的一群人劫持并扣留于此(现在称"西安事变"),华清池因此声名大噪。如今,蒋介石被扣押时居住的房间因为时间久远而变得阴暗潮湿,即使在艳阳高照的天气里,也透出一股凉气。现在,这儿的建筑已经成为博物馆,不再做休养之用,也不再接待想泡温泉的宾客。

在北边更远一些的地方,山丘状的封土下长眠着中国历史上唯一的女皇帝——武则天。这里有一些碑石,但没有与她同一时代的东西留下来。然而,我觉得这个被大自然环绕的地方符合我对她的想象,跨越了漫长的历史,她的存在更多的是我对她的一种感觉,而不是什么别的有形的或真实的东西。武则天是史诗级的人物,虽然一些历史学家评价她既无情又残忍,但也有一些人认为她是唐朝最有能力的统治者之一。她从未像她的继任者唐玄宗对杨贵妃那样被感性的、难以抗拒的欲望冲昏头脑。唐玄宗和杨贵妃的爱情故事以及他们的爱情对唐玄宗执政时期政治势力的影响,是中国历史上最耳熟能详的爱情悲剧。公元8世纪中期,安禄山的叛乱险些葬送了大唐的统治。叛乱平定之后,唐玄宗和杨贵妃被迫分离和杨贵妃的死亡是他们故事中最令人心碎的部分。就像发生在中世纪法国的爱洛绮斯和阿贝拉(Heloise and Abelard)的不幸爱情故事可以引发当代欧洲观众情感上的共鸣，唐玄宗和杨贵妃对中国观众也具有同样的意义。短暂的武周时期之后(武则天是这一时期唯一的皇帝)，武则天被迫退位。公元705年，她一病不起，并于几个月后去世。但她的影响是巨大的，她是中国帝王史上最大的例外。

我因为西安的历史而渴望感受它。如果一个人想见识真正的中国，那么西安是最可能满足这个愿望的地方。毕竟，虽然根植于遥远的过去，但这里是中国历史上诸多重大事件的发生地。虽然也有别的历史悠久的地方，比如汉朝时期的重镇洛阳和开封，或者明朝初期曾一度是帝国首都的南京，但是，西安作为国家行政中枢和文化中心的时间最长，经历的朝代也最多。一千年前的西周，就曾以今天城市所处的地区为中心。从秦国到始皇帝，再到疆域辽阔、存在于公元前2世纪到公元195年的西汉和东汉，它们都曾立都于西安。汉朝灭亡以后，西安又在动荡的时期成为一系列短命王朝的都城，直到唐朝的建立。虽然公元904年唐朝覆灭之后，西安失去了国家叙事的中心地位，但是它的地貌风光是集体的宝藏，它自身也是中国文化在超过千年的时间里一步步形成的纪念碑，而这样的文化塑造了随后到来的一切。

伟大的法国小说家马塞尔·普鲁斯特(Marcel Proust)曾写过有关人类记忆运作方式的著名段落。他说"隐藏的"记忆经常会随着我们看到的风景被重新唤醒,往事随之重现。他笔下的巨著《追忆似水年华》(Remembrance of Things Past)或许是20世纪最伟大的小说作品——青春期时的我曾阅读过这部著作,感觉晦涩难懂,五十岁的时候重读,终于理解了这本书中非凡的雄辩以及它复杂的结构。几乎是同时,我读普鲁斯特的时候也在重读曹雪芹的《石头记》,并将这两本巨著并列摆放在一起,作为文化的平行文本,因为它们是在各自的文化中具有极大威望和极高地位的作品,全面讲述了它们诞生的那个世界。它们之间高度统一的,是它们描绘社会万物的方式。普鲁斯特的作品有大量关于派对、大型宴会和群体讨论中人们之间互动的描写。在书中,普鲁斯特把微妙的典故和精彩的人物对话幻化成文字表述的语言,他清楚明了地展示了人类交流的无限复杂性和人们描述事物的方式,有的时候,人们所使用的语言和他们想表达的东西完全相反。曹雪芹也是一样,《石头记》中有大量的对话和对北京一座园子里跌宕起伏的人物关系的描写。虽然方式不同,但目的类似,曹雪芹和普鲁斯特通过小说语言的内部隐喻和情景化处理,让故事的内容比表面看上去的丰富得多。

如果把西安视为宏大的物理文本,我发现这座城市沉淀的意义和普鲁斯特、曹雪芹的作品一样密集和繁复。其中一些意义与现代社会息息相关,例如其在经济上、政治上、文化上的象征和关联。还有一些与湮没在时间中的过去一脉相承,如今通过表征(现代符号以注解的方式描述了曾经存在但已经消逝的东西)和场所的重建,至少激发了参观者对于以前曾经发生过的故事的想象。此外,这里还有直接从过去保留下来的数量庞大的遗存,它们既完整又几乎具备完全的真实性。它们也许是建筑、手工艺品,或其他物品。对于任何读者来说,无论是读书,还是获得某种视觉或者听觉上的体验,面临的问题都是如何对其进行解读——如何正确地接受和理解自身的所见、所闻、所感。

在《驳圣伯夫》(Against St Beuve)一文中,普鲁斯特宣称:"随着时间的流逝,我对于智力的重视越来越少。"他继续写道:

"智力以过去时间的名义提供给我们的东西,也未必就是那种东西。我们生命中每一小时一经逝去,立即寄寓并隐匿在某种物质对象之中,就像有些民间传说所说死者的灵魂那种情形一样。生命的一小时被拘禁于一定物质对象之中,这一对象如果我们没有发现,它就永远寄存其中。我们是通过那个对象来认识生命的那个时刻的,我们把它从中召唤出来,它才能从那里得到解放。它所隐藏于其中的对象——或称之为感觉,因为对象是通过感觉和我们发生关系的——我们很可能不再与之相遇。"[1]

这段文字引出了普鲁斯特的一项著名理论,他认为吃东

---

[1] 马塞尔·普鲁斯特:《驳圣伯夫及其他论文》,约翰·斯特罗克译自法语,哈蒙兹沃思:企鹅出版社,1988,第3页;王道乾译,上海译文出版社,2007。

西的时候，尤其在品尝小玛德莱娜蛋糕的时候，会唤醒他关于童年的潜在记忆，让他想起家人给予的爱和养育对他产生的影响。圣伯夫的文章中提到的食物是黄油吐司，而授者是厨师。

在我长大成人之前，我的记忆里没有西安的存在。我在三十岁出头的年纪第一次来到西安。无论是西安还是上海，我从未在这两个地方长期居住过。事实上，我每次在西安停留的时间比上海还要短，最多只有几天，从来没有超过四天。因此，西安是一个只有短暂邂逅的地方。

这实在令人难以置信，和欧洲、美洲，甚至澳洲的城市相比，我竟然在二十多岁前对西安历史的叙事和传统一无所知。在正式学习中文以前，我不知道有汉、唐、宋这些朝代，也不认识武则天和秦始皇之类的人物。因此，我在人生稍晚的阶段才开始发现这座城市蕴含的历史记忆，并制造关于它的个人回忆。它们不属于我成长期记忆的一部分，那时候的我太小了，还不会讲故事，记忆往往通过我接受的培养和抚育获得。而它们是蓄意形成的记忆，是我有意识获取的。我部分接受并部分塑造了对这个地方的历史感知和个人记忆。但这些历史感知并非塑造于我，而是于我所代表的一些东西。我在西安留下的足迹都是刻意安排的旅程的一部分，我在这个过程中不断发现新的事物，学习新的东西。人们在家庭环境中，一般不会通过这种方式获取知识、留下回忆。人类在生命之初，只是本能地、无意识地、被动地接收所有一切。

深埋地下、广阔浩大和隐介藏形是西安留给我的印象——虽然它的历史流传至今，许多都肉眼可见，但却不可思议的寂静无声。从黄土中挖掘出来的兵马俑是静默的。遍布的陵寝还在沉睡。石碑上的文字是书写篆刻上的，而非口口相传的，并且也很难将它们转化为口述的语言。频繁往来于西安的那十年间，通过接触西安厚重的、深埋于地下的历史，我多多少少对这座城市产生了一些牵挂，掌握了这座城市的种种传说与故事，从而构建起我自己版本的西安历史。回民区的香气和风味；每次乘坐出租车去兵马俑博物馆的路上都能见到的摆放在路边贩卖的石榴；当我看着俑坑里以横七竖八的模样出土的陶俑时，充斥着博物馆的令人顿生敬意的肃静；农村田间正在被收割的高粱和玉米；夜路上经过的被黑暗笼罩的新建的建筑物，遥遥俯瞰着城市中心的流光溢彩。毕竟，不仅在中国，西安在世界文明中也有着举足轻重的地位。这座城市在它的全盛时期是那些想要摧毁和颠覆已有秩序的人们的必争之地。一千多年间，它被多次重建，经历了数次复兴。从这种意义上说，政治中心旁落一千多年以后，且再没有回迁，西安用它充满活力的街道、熙熙攘攘的游客、城郊设立的科技园和商业区，证明着自己的坚忍和强大的生命力。

第五章
香港

简·莫里斯(Jan Morris)，英国著名作家(她也自豪地称自己是威尔士人，并在许多作品中提及那段历史)，曾创作过一系列介绍全球城市(例如威尼斯和悉尼)的书籍。在关于香港的书中，她提到了抵达位于中国南部海岸的这座城市时看到的景象。[1]在她的描述中，香港以独特的方式冲击着所有去到那里的人。不平等条约签订前，这里都是贫瘠的礁岩，"不平等条约"将香港岛永久割让给英国，成为英国的殖民属地。20世纪90年代，如果乘飞机到香港，飞机降落在跑道上前，需要"之"字形穿过高耸的公寓楼，机场乘客对于即将到达启德机场的兴奋感

---

[1] 简·莫里斯:《香港》，纽约：兰登书屋，1989。

也因此越加强烈。你总能听到这样的玩笑话：飞机着陆时，你可以窥见别人家的客厅，看到他们在吃饭或者在看电视。1998 年，随着远离市区的离岛上的赤鱲角机场投入运营，这种现象才告一段落。借用诺贝尔奖获得者小说家 V.S. 奈保尔的话说，到达香港后所遇见的"谜团"大部分都还在。我乘坐醒目的红色出租车沿着高速路驶向市区，穿过各种桥梁，下到中部地区，再通过海底隧道进入本岛。鳞次栉比的摩天大楼让人惊叹，它们看起来似乎摇摇欲坠地抓持着脚下的土地，但又保持着不可思议的平衡，相互毗邻而立。无论以何种方式到达香港，无论先从何处踏上香港的地界，无论之后再来多少次，我发现都能体会到和第一次抵达时一样的视觉冲击。

抵达香港时的体验，依据当时的时间是白天还是夜晚而有所不同。如果是白天，有时可以看到弥漫于楼顶的游云调皮地碰触着大楼的幕墙，在高层聚拢环绕。有时还可以看到热带风暴产生的闪电，以夸张但短暂的方式，划破城市的天际。但更多的时候，是待在汽车和出租车内躲避室外刺眼的阳光。而到了晚上，香港会带给你美不胜收的视觉享受。和上海的浦东类似，一旦夜幕降临，大楼内部和大楼玻璃或者金属外墙上的灯光就像一场大型灯光秀，摆脱了白日里给人静止不动的刻板印象，似乎被赋予了不一样的生命活力。

我和香港的第一次邂逅是在 1991 年，那是在日本当了一年教师之后，我要到澳大利亚的墨尔本住几个月，于是我来到这座城市转机，并停留了几天。与我同行的是一位美国朋友，他和我在日本的同一县里教书。那几天我们能负担得起的最好的住宿条件，就是简陋的重庆大厦的标间。重庆大厦的一楼遍布着迷宫般的小商店、餐馆和其他小店，大厦的高层是一些普通的旅舍和酒店。我们的房间里配置有一个小电扇，打开之后整夜都发出恼人的声响。这里的炎热让人无法忍受。到了深夜，我只能下楼去附近的麦当劳吹空调，一边嚼着汉堡，一边希望时间快点过去。我的朋友获得了北上经中国到俄罗斯的签证，也买到了火车票，而我则乘飞机南下。在此之后的十年间，我再也没有到过香港。

1998年，我曾短暂到香港做生意，但我心中颇为担忧。亚洲金融风暴的影响极其深远。香港市中心的酒店顾客寥寥，街道上一派萧索，车辆和往来行人都少了许多。和上次来的时候相比，城市的管理体系已经改变，但城市的外貌并未发生变化。但是这里的氛围确实在金融逆风潮的影响下变得不一样了。当时是在2月份的冬天，中国传统春节刚刚过去，从湾仔到九龙的天星渡轮上迎面吹拂而来的风，让人感到阵阵凉意。

作为一个来自英国的人，造访香港背负着巨大的情感重担。一百多年的时间里，甚至在那些难以进入中国的岁月里，商人、学者、记者来到这儿试图更多地了解边界另一端的中国。中国的观察者们，如果说今天的他们要选择驻地，那一定是香港。我在与中国打交道的过程中，逐渐认识了他们中的许多人——比如约翰·基廷斯 (John Gittings)，优秀的作家和记者，他在 20 世纪 60 年代和 70 年代曾常驻香港，在伦敦学习中文的时候我读了很多他的书。还有些人待在这里的时间更长。率先向全世界报道了"二战"爆发的传奇英国记者克莱尔·霍林沃思 (Clare Hollingworth)，是第一位看出了希特勒入侵波兰意图之人。1939 年 9 月，在波兰偶然乘车出行时，她看到了集结在两国的边境上准备行动的德军坦克。她生命的最后几十年一直生活在香港。虽然我从未见过她，但我听与她接触过的人谈起过她，并对她的长寿和坚强的性格肃然起敬。香港外国记者会 (the Foreign Correspondents Club) 至今还保留着她的办公桌，不过由于她年事已高，行动不便，后期便没有在这里工作了（她于 2017 年去世，享年 105 岁）。

香港确实是了解中国以及中国语言和文化的好地方。但是，教会我这些东西的地方不是香港，而是位于中国北部的呼和浩特。我在中国大陆的经验是直接的，为我提供了不同的观点，而在香港培养下形成的英国关于中国的看法对我来说有些陌生。在某种程度上，我们对中国产生的认识和经验，属于两种相互割裂的文化。

说到底，大英帝国已成为越来越沉重和暧昧的负担，历史学家对它的争议也愈演愈烈。有些人，比如苏格兰学者尼埃尔·弗格森 (Niall Fergusson) 不无悲伤地辩解道，英帝国是一股利大于弊的力量，是帝国主义的先驱，它制定了全球化的规则和标准，并在许多地方落地生根，让共通的话语和贸易成为可能。[①]但是，许多人更多关注的是殖民化导致的暴力、不公和严重的种族分裂。大体上，我更赞成后一种观点。对我来说，作为帝国的那个国家存在于我出生前。我生活的英国在世界上的地位已然不同——它与别的国家合作，结成各种联盟，霸权主义已不是目标，相互尊重才是新常态。至少这才是理想的状态。

香港的多元化对和我一样背景的人来说十分具有吸引力，同时也让我感到不自在。但这并非因为这座城市对不同群体的接纳与融合，而是因为香港曾经的殖民地历史和中国方面的背景环境对我产生了影响，让我有了轻微的不安和割裂感。由于历史上和英国的联系，在我对中国有所了解之前就已经熟知香港这个地方。当我还小的时候，最早真正品尝到的欧洲以外的异国菜肴就来自这座城市。20世纪50年代开始，一些人来到英国定居，以经营小餐馆为生。后来我才知道，这些食物是广东菜，虽然是中餐里重要的分支，但和真正的中国菜又不太一样，有点像欧洲的意大利菜与希腊、瑞典菜之间的区别。我在二十多岁以前认识的中国人，几乎全部是香港人或者是来自香港的移民。英国电视或电影里少得可怜的跟中国文化有关的内容，也都来自香港——其中最有名的是李小龙（Bruce Lee）的作品。20世纪70年代，他主演

[①] 尼埃尔·弗格森在《帝国：不列颠如何创造了现代世界》（伦敦：企鹅出版社，2003）一书中，对其此番论点作了核心表述。

的功夫影片风靡一时，1973年，他英年早逝，令人扼腕。事实上，对当时还在上小学的英国人来说，香港代表了中国。他们对中国的认识来源于这座城市的照片、电影里的形象以及文学作品里的描述。

住在香港的英国人则是另一回事，他们是不同的附属群体，基本上包括所有与殖民政府和伦敦的殖民统治相关的人，以及在香港经商的人。这些群体和这座城市的关系是被限定了的，他们似乎属于一个特殊又固定的圈子，有轮廓分明的界限。我觉得这个圈子里的大部分人都来自特权阶层——他们可以居住在国外，或在国外组建家庭，享受异域情调的奢华，就如同他们在英国时的生活一样。上学之后，这种感觉更加强烈。20世纪80年代，私立学校毕业生是剑桥大学的主要生源，尤其还有一小拨人来自伊顿公学和温彻斯特这样古老而又知名的私立学校，毕业于公立文法学校的我遭受了打击。很明显，此前我从未亲身体验过残余的英国阶级体系的影响。而那些和香港有联系的人，如果他们是英国人的话，那么极有可能拥有这样的背景——他们的家人是殖民政府或外交部门的公务人员，或者驻地在香港的银行和企业的工作人员。当然，这无法涵盖所有在香港生活的英国人，也有许多人是警察或为军队工作。我遇见的人中，这些人占很大比例。

20世纪80年代，撒切尔主义的鼎盛时期，赚越来越多的钱似乎成为许多人痴迷的目标，而香港就成为有关系的人可以去追求商业利益的地方，但他们的生活几乎完全脱离了周围的社会。我认识的人中，有的自20世纪90年代起就来到香港，那时候的我还从未考虑过到中国工作。他们的描述给了我这样一种印象，香港只是恰巧有中国人居住的地方。对他们来说，香港有如云的宴席、热闹的社交，英国人、美国人、世界各地的人邀约消遣，却极少和当地人接触。关于香港最出色的文学作品之一，克里斯托弗·纽（Christopher New）完成于20世纪80年代至90年代的三部曲，对此做出了精彩的描述——香港就像一个舞台，在此之上，外国人和中国香港人彼此擦肩而过，但却处于同一空间的不同维度，虽然共存共生，但却几乎没有交集。①

当然，这一情况也在发生变化。自20世纪90年代以来，随着我对中国越来越熟悉，在中国居住的日子越来越长，这种"港式英国观"的形成令我着迷——还有一种与之不同的观念，而我的观点似乎属于后者。尽管如此，外国人获得特权空间的可能性在这两种语境中都存在。但是在香港，这种可能性更大一些。在中国，种种障碍让这一把外界排除在外的想法难以实现。这个国家庞大的疆域和复杂的情况，使得生活在这里的人不可能不受到周遭事物的影响，无论中间阻隔着怎样的高墙壁垒，依然会渗透其间。但是，香港则不然，1997年之前，人们可以将自己的生活圈封闭起来，仅仅出现

---

① 克里斯托弗·纽:《易帜》，伦敦：班坦图书公司，1990。

在极少看到香港本地人的豪华公寓内、配有司机的豪车内或者诸多社交和公务场合里。即便有本地人,也是担任着服务人员的角色,或是被精心挑选后才获准进入的。这种情形在我看来非常奇怪,因为我好奇心很重,而人与人之间如此的分隔界限很快便让我心中满是问号。生活在另一边的人是什么样子呢?他们在做什么?他们对这种现状有什么想法?无论在欧洲还是亚洲的其他国家,每当我接触当地人的生活时,都会产生类似的好奇心。唯一的不同是,起码在中国香港,我的语言技能让我可以和当地人沟通,从而找到我心中疑问的答案。(我需要在此说明,当然这里许多人并不都是中国香港人,还有很多英国人,他们确实弥合了部分差异,但是他们从来都不曾占据人口的多数。)

在合适的天气里,如果雾霭低沉,站在组成今日特别行政区(SAR)的某个岛屿上望去,香港就像是飘浮在薄雾中的海市蜃楼。以下是某位书写并研究这座城市的人说过的话——香港的摩天大楼看上去似乎凭空而起,每一栋都展示着独特的个性。如今最知名的地标式建筑是中银大厦以及别具一格的怡和洋行总部,大楼圆形舷窗状的窗户俯瞰着天星码头。从香港岛出发,人们可以沿着步道和人行道连廊在众多大楼间穿梭,步道被一侧的山峰掩盖在阴影中,陡峭攀升至山顶,另一侧则矗立着一些豪华酒店,比如香格里拉和港丽酒店。在 7 月和 8 月烈日炎炎的日子里,仅仅在室外停留一小会儿都会让人汗流浃背,如果要走在这些步道上周游这座城市，穿进穿出沿途有空调的大厦就成为逃避酷暑的方法——当突然通过某个大厦的入口，通常是自动开合的门，外面如影随形侵袭着身体的高温便被室内破门而出的冷气吞噬掉了。太古广场则像是充斥着冷气的游泳池，走在宽敞的广场内可以持续被清凉笼罩，直到再次走到室外，抵达通往湾仔的高架步行道，步行道的一部分逐渐下沉到和街道等高。没过多久我就在脑海中形成了一张这一路线上的避暑地图，闭着眼都不会走错。

我在香港的逗留是以我每次入住的酒店为标志的。我再也没有在重庆大厦简陋、炎热的房间里熬过整夜那样的经历了。之后再回到香港，我都只是从大厦外边经过，让我印象深刻的是，当周边的世界似乎都在不停试图美化自己的时候，重庆大厦依然保持着它那陈旧杂乱的外观。在我经商的短短两年间，新界的商务酒店是我最喜欢的住宿场所——既方便又经济的选择，一般配套设施只有最基本的餐厅，酒店的房间功能也和世界上别的地方类似规格的酒店没什么两样，只是为了在被时差所困扰之际能有个睡觉的地方。

而作为外交官，最常入住的是港丽酒店，原因很简单，它正好位于英国总领事馆的对面。港丽酒店是一栋豪华的石质建筑，坐落于通向山顶的第一阶陡坡底部。尽管港丽酒店只是该区域诸多五星级酒店中的一个，但它具有一种极度安静和奢华的氛围。我印象最深刻的是酒店房间里的寂静，完全听不到旁边房间的声音。当窗帘在透明的玻璃窗上打开时，视房间的朝向而定,可以眺望香港,看到这座城市似乎也被室内的静谧感染了一样,变成了静止的画面。毫无疑问,香港永远都是动态的,下方的街道依然车来车往。但是从如此高的地方望去,一切好像都静止了,空间也被冻结,一片寂静。有几次,我透过玻璃窗看到鸟儿在城市上空飞翔,它们展开双翅,有时逆风翱翔,有时果敢地向下面的街道俯冲,摇晃之间又快速地飞升上来。

暗木色的和深色的地毯营造了酒店安静肃穆的氛围。它们柔和的色彩似乎冲淡了周围的一切事物。毕竟,作为临时停留的家,酒店的选择十分重要——入住后必须让人很快获得安全感和舒适感,因此,无论这种静谧的环境是如何造就的,它都是非常令人愉悦和必要的。如果我没记错的话,酒店的七层有一面更大的玻璃墙,当一天结束夜幕降临的时候,我可以独自一人或和朋友一起坐在玻璃前,看着城市里华灯初上,霓虹灯的光芒让空气都浸染上明黄和橙红的色彩。这里的酒吧给人一种整个城市都是自己的私人客厅的感觉,就是能带来这样的熟悉感和亲切感。

这里还有许多豪华酒店——香格里拉大酒店就在隔壁,万豪酒店在这条街道稍远的地方。这些酒店我都住过,只不过不是在同一次行程中。有时是为了外交部的事务,虽然每次的规格都不高,完全没有类似约翰·勒卡雷(John Le Carre)小说中描绘的间谍活动以及阴谋诡计的氛围。最多是为了努力促进航空和机场贸易,这也是我在北京负责的领域。还有的时候，我来香港参加互动。有一次，是为了在中信里昂证券（CLSA）经纪公司年会上演讲，这是一次大型的投资推广活动。一天晚上，美国歌手玛丽亚·凯莉（Mariah Carey）为商业代表们献唱，她强有力的歌声几乎横扫了整个香港会议中心。还有一次是参加当地的文学盛会，活动在秋季举办，地点在岛上更偏僻的一家酒店，人们蜂拥而至推广他们的小说、诗集和非虚构类作品。我则是为了介绍我创作的第一本非学术书籍《觉醒的巨人》（Struggling Giant），这本书简要概述了21世纪中国可能的走向。① 这次发布会的举行是将业务深入这座城市的战略的一部分。大约一年之后，我在伦敦的查塔姆研究所（Chatham House）开始从事全球国际关系智库工作。我当时正在为联合国开发计划署（UN Development Programme）撰写一份关于志愿服务的报告，于是来到香港拜访一些学者。那时我住在尖沙咀的朗廷酒店，我永远都忘不了走进酒店时扑鼻而来的玫瑰香气以及房间内的寂静，尽管外面的街道一片嘈杂混乱，因为酒店恰好就坐落在一个市场的旁边。

也有一些其他的酒店。如果酒店配有游泳池的话，则游泳池的品质往往可以区别出它们的档次。每天的早些或晚些时候，取决于我当时做的是什么事情，我会尽量做些锻炼，在住店客人带来的孩子们嬉戏的水池里，尽可能长地待上一段时间。当然，时不时地也有成年人或快或慢地从我身旁游

---

① 凯瑞·布朗：《挣扎着的巨人：21世纪的中国》，伦敦与纽约：赞歌出版社，2007。

过。香格里拉大酒店的游泳池非常不错，位于室外，酒店的墙壁高耸着，当我仰泳的时候，可以抬头透过玻璃窗看到天空。然而，位于湾仔的万豪酒店的泳池规模更大，当光线昏暗的时候，它会展现出一种缥缈的感觉，烛火一般的灯光环绕着泳池椭圆形的边缘，高光照射的竹丛和恬静的石雕佛像，在水面反射的光彩晕染下仿佛有了生命。进入清凉的水中来回游动，或浸没其中，有时什么声音都听不到，这座城市似乎成为最友好的地方——可以宴欢交际，可以在晚上邀约友人，还可以向我们曾经体验过的那样，坐在水边的小酒吧中畅饮，彼时空中电闪雷鸣，电光掠过大地，点亮周围的群山，将它们的倒影印刻在波浪起伏的水面上。

台风到来之际，坐在酒店高层安静的房间内，这种体验十分惊心动魄。随着风势越来越大，不难想象，如果此时站在室外，或者坐在飞机、船舱内，会是多么恐怖的感受。有那么几次，当我坐在飞机上等待起飞时，强风来袭，我能看到远处的闪电，一道道逐渐靠近。虽然我经常乘坐飞机出行，但看到这种情景依然胆战心惊。事实上，随着我坐飞机的次数不断增多，这种情况越来越令我担忧，这是人们期望的逆向反演。我知道关于极不可能发生的事情的统计数字，也知道在小镇过马路发生意外的概率比坐在飞行中的现代飞机上要高。但是天空中的电闪雷鸣，及其预示的雷暴雨的威力，总是引起难以控制的情绪。它们让我想起小时候对雷雨的记忆，以及那个古老的传说，来自某个神秘领域的巨人造就了这一切，家具都被他们掀起来吹向天空。也许当我的飞机驶离跑道腾空而起时，也许当飞机穿过香港上空的云层时，我就能从脆弱的机舱内看到浮现于空中的巨大形象，好似中国神话中的神仙，拳脚相加之间制造了地面上看见的雷电。然而，当我飞升到城市上空的时候，眼前往往一片漆黑，除了令人心忧的耀眼闪电转瞬即逝，别的什么都看不见，无论飞机驶向何方，我的旅程还将继续。

尽管香港自然景观充盈，但这座城市仍以人工建筑为主，环绕着香港的水域也是近两个世纪以来人为修建和培育的结果。香港的部分景观和建筑风格见证了新旧两种秩序的变更——一些老建筑多体现了殖民时期风格，比如雅致的香港礼宾府（Government House。注：原为英占时期的香港总督府），白色的建筑掩映在绿树之中。还有如今已搬到新式大楼里的香港俱乐部和散布于城市各处的不同老式建筑，其中有的是教堂，有的是大学行政楼和教学楼。天星码头的钟楼和旁边的半岛酒店一样，具有标志性地位。这一旧秩序的政治影响或体现在雕塑上、纪念碑上以及位于新界山岭间的和合石公墓的许多坟墓上。

新秩序则体现在正在运作金融、商业和新的城市管理模式的大楼上。这些地方往往没有什么特征，看外表无法知道建筑功能，在许多方面与世界上其他类似的地方没什么两样。对我来说，最具代表性的是廉政公署（ICAC）在香港岛内的办公区，以及香港证券交易所。在 2015 年一次特别的行程中，我作为政府的座上宾参观了这两处场所。当时香港特别行政区驻悉尼代表邀请我赴香港进行为期一周的考察，其间我得以与政府官员和行政人员交流，走访了住房委员会，还调研了许多项目。这次对廉政公署的参观，与一年前我在北京走访中央纪律检查委员会的经历类似。但是这里的接待室要小一些，顶层还设有一个隐蔽的博物馆，介绍了廉政公署成立的过程。博物馆里的一些照片，记录了发生在 20 世纪 70 年代早期臭名昭著的一个案件，英国籍警察彼得·葛柏 70 年代从香港潜逃，虽然他曾在工作中表现卓著，但是却以保护费的名义向当地商人收取了几十万美元的贿赂。被引渡后，葛柏在香港的监狱中服刑和一些被他绳之以法的人们关在一起，刑满释放后他很快便杳无音信。他的维基百科条目(查看于 2018 年 7 月)显示他还在世，时年九十六岁。但是，关于他的下落只有一些零星的信息。

廉政公署大楼散发着无声的威严，但保持着高效的运作，大楼内的走廊安静空旷，毫无疑问所有在这里展开的工作都涉及高度机密。另一个颇具代表性的地方是香港证券交易所，我本来认为这个地方的氛围一定与廉政公署相反，但事实上，证券交易所里更加安静。香港最卓越的实力和国际影响力来源于世界一流的金融业，作为其象征的交易大厅中却一片寂静。带我四处参观的向导解释说，这个房间曾经挤满了疯狂进行交易、不停相互发出买入卖出信号的操盘手们，几十年前计算机开始普遍使用之后，被许多电脑屏幕取而代之。大部分屏幕表面都是暗黑的，一块挂于上方的硕大显示屏通过醒目的曲线图标示着特定公司股价的涨跌。然而并没有人关注它——这儿是这座城市里除了酒店之外最安静的地方，像是一个平静祥和的绿洲。很难想象在这些风平浪静的虚饰下发生着怎样风云诡谲的商场交锋——大部分操作由股东及其代理人通过电脑屏幕和手机来完成，他们遍布城市各处，甚至身处更远的地方。

在任何政治态度或政治地图下是很难看清香港的现实的。最早几次来到香港的时候，我简单地认为这个地方就是财富的代表。毕竟，沿江而建的高楼大厦似乎就在宣告这一点。此外，我还经常听到这样的陈词滥调，全世界没有一个地方的劳斯莱斯比香港赛马会停车场里的更多。香港往往是全球排行榜上房产最贵、生活费用最高的地方。无论我到达的时候，还是从机场到酒店的路上，富有是这座城市留给我的印象——这是一个繁荣的地方，一个商贾云集的地方，既在创造财富，也可以实现梦想。除了这些了不起的抱负外，之前几十年来到这座城市的英国人以及之后加入他们的其他外国人还会追求些什么呢？

同样地，以怀疑的态度窥视并发掘潜藏于表象之下的这座城市真正传达的信息也是不容易的。在一些固有的印象里，香港是一个被动的吸纳者，是一片文化荒漠，购物、吃饭和工作是最重要的生活日常。和许多固化印象一样，老生常谈也有一定的道理。如果天气允许,我会从发达的地下空间出来走上街道,然后发觉香港和我之前去过的一些地方不一样,在那些地方,我会特意去寻找博物馆和古老的建筑。香港没有像卢浮宫、普拉多博物馆或者大英博物馆那样的大型美术馆,也没有展示当地历史的综合性博物馆。我不得不将我四处游走时看到的景观视为陈列的展览。它本身就是自己的美术馆和博物馆。其中很大一部分由数量庞大的餐饮店组成——从家庭或个体户经营的街边小吃店到更时髦、有空调的连锁店,再到大胆自夸其获得米其林星级或别的国际认证的大型餐饮机构,应有尽有。并非所有的餐厅都做广东菜,或者中国菜。香港有一定数量的印度、法国、意大利、日本餐厅,其中一些质量上乘。同样引以为傲的还有它出色的海鲜菜品。单从美食的角度来看,香港在全球占有一席之地。无论商业机构、银行、公司、西装革履的人们乘坐的呼啸往来的汽车,还是走路、吃饭、交谈时把智能手机放在耳边或用耳机维持通话的人们,所有的这一切都在证明这里的大部分人都在工作,而且几乎醒着的每一分钟都在工作。

即便如此,随着时间的流逝和我往来香港次数的增多,奢侈品店橱窗里摆放的手包、名牌服饰和珠宝营造出的富有光鲜的整体表象,逐渐被更加微妙和复杂的叙事取代——在不同的旅程中,我可以看到许多居住在这里的人们的生活是什么样子。对他们来说,高昂的物价、激烈的空间竞争和维持体面生活的压力与生活在上海、伦敦、纽约这样的全球中心一样，让人喘不过气来。在香港没有易来之钱——对于绝大多数人来说是这样。有一年冬天，我为了参加会议暂住在香港中文大学附近，当我从主校区出来向山下走的时候才意识到，那些在城市中心的写字楼、商场、饭店工作的人们通常都是乘坐地铁从北边的新界过来的。

这些因素经常加剧我对香港的矛盾态度。我对香港的认识和想象多来源于电影、文学和与它有关的文化表征，而这些往往具有英国特色并基于英国在香港的那段特殊历史。1991年，我第一次到香港的时候，那里正在酝酿着巨变的气息——1997年，中国收回对香港的主权，横亘于中间一个半世纪之久的壁垒即将消除。没人知道今后会发生什么——1997年中，主权交接完成之后，焦虑和猜测往往主导着人们谈论的话题。因此，香港留给我最初的记忆中——某日下午的一次谈话可以代表，那是1991年8月一个炎热的夏日，我跑到地下酒吧去解暑，在那里遇到一个宿醉严重的英国人，他给我和我的美国朋友上了几杯啤酒，愁眉苦脸地告诉我们他从英国来，趁着休假来这边工作，但是现在准备回去了，一切都让他厌倦。同样地，我们也是匆匆过客，没有时间与这个地方建立更有意义的情感联系。

几十年之后，在香港长期逗留时，我开始不断看到英国统治末期香港的影子——许多我在外交部工作的同事都活跃地参与其中。对所有骨干来说，参与香港主权交接谈判是他们集体的回忆和共同的经历。对很多人来说，这次谈判是他们事业的支柱,定义了他们的职业生涯。但是,我是从一切结束后才加入的,这一阶段主要是收尾和整理的简单工作。就像是进入最后一次会议已经结束的大型会议厅看到的情景,桌椅和讲台已经撤走,参会人员也已经离开,会议资料被装箱处理。

事实证明,1997年以前香港的存在感很难消除。曾在那里生活过的人经常这么说,其中大部分是英国人,也有别的国家的人,在很大程度上,那也是我想象中这座城市的样子——一个观望之所,来到这里的人沉浸在这座城市的中立立场,就像我之前提到的那样。这座城市有其独特之处,具备一种怀旧的氛围,当人们下榻一间不错的酒店,体验其中的物质享受时可以感受得到。事实上,前几年我在呼和浩特工作的时候,同事们有时会去香港,因为在那里可以买到中国大陆很难找到的食物、商品和体验。

虽然微弱,但依然能在现实的种种迹象中捕捉到过去香港的气息——无论是红绿相间的出租车、让人回想起英占时期的中英双语的路标、外国记者俱乐部的宁静和消逝的舒逸,还是一些海岛——这些海岛构成了现在的整个这片区域——上相对原生态的自然环境,都体现了这一难以捉摸又独一无二的氛围。

21世纪第一个十年末期,一次令人回味的旅程让我见识了香港的自然风光,之前近一个月的时间里,我一直在中国大陆周游。我从北京出发,有一夜,那里的瓢泼大雨曾将我从睡梦中惊醒，然后到达呼和浩特，如第一章中描述的，在那里我亲眼见证了这座城市的巨变，再然后游历了上海、西安和重庆，最终抵达香港。在从深圳机场返回大陆之前，我需要先同几位学者见面。他们居住的房子在大屿山岛——他们告诉我才刚刚买下这幢房子。虽然我带着许多行李，但乘坐渡船上岛依然十分便捷，到了岛上步行即可。

水路出行非常方便，这里有通往珠海和澳门的航线——无论什么规格的客船，最多一个小时就能到达。通常情况下，海面吹过的微风是悠然自得的享受，但也有时候，短暂的晕船会打破我的从容自若。大屿山港是十分优良的港湾，有几家安静的餐馆，至少我去的那天是这样。从这里东道主带着我通过一条小路走向他们的房子。我们在他家里畅谈了几个小时。之后，他叫了出租车，并告诉我可以从这里直接到香港机场，再从那里乘大巴越过边界去深圳。

在这段路途中乘坐出租车令人兴奋——道路蜿蜒而又狭窄，通常情况下道路两旁可见茂密的树丛，偶尔才有别的车辆擦肩而过。一路上十分安静和寂寥，是适合大隐于市的理想之地。甚至沿海湾而建的高楼大厦都不见了踪影。目之所及只有通往前方的道路，路两边的树木和头顶的天空。最终，宏伟的赤鱲角机场现代化的轮廓展露眼前，我抵达大厅之后开始匆忙地寻找去往深圳的大巴车站。时间逐渐流逝，而我的时间赶得刚刚好。一路上我一直在担心护照限制，希望我们能尽快地通过海关。当终于到达边境的另一侧时，我赶紧冲进另一辆出租车,敦促司机以最快速度赶往机场。我成功赶上了航班,但也仅仅只提前了几分钟的时间。

当然也有别的途径离开香港——比如乘坐火车北上深圳是比较普遍的方式——当然,最常见的还是乘飞机离开。随着时间的流逝,这座城市也在变化——我每次到达和离开的时候,无论是物质上还是气氛上都发生了改变。分布在湾仔附近直到中环的小街道以及那里不同种类的食物散发出的味道,还有城市中的各种声音,依然保留着一些独特的东西,它们依然始终珍藏于这么多年来香港带给我的回忆中。我到这里来,与不同背景因不同原因长期居住在香港的人们的态度有所不同,也不是一个曾经多次来到香港的旅游者可能怀揣的感受。对我来说,香港具有这样一种魅力,每个人对这个城市的风味和景观的感受都有所不同,并通过适合自己的方式来解读它的地理风貌。最重要的是,这一点一直都没有改变。

结束语
感官帝国

伟大的法国哲学家罗兰·巴特（Roland Barthes）在谈论亚洲时曾说过，对于一个像他这样来自欧洲的人来说，亚洲常常显得像是一个符号帝国[①]。无论是汉字的地位以及汉字在其他国家书写体系中所发挥的作用，还是各处地理景观上的图形符号系统、赋予雕像的含义、建筑物的诸般特征，乃至自然界的天造地设，所有事物似乎无不在供人们对其进行诠释。他对日本的园艺美学推崇备至，花园中的石径打扫得纤尘不染，占据院子中心区域的花卉被布置得独具匠心。他之所以对此欣赏有加，是因为这一切都体现着一种禅意，给人以一

---

① 罗兰·巴特：《符号帝国》，理查德·霍华德、希尔与王翻译，纽约，1982。

种空灵与宁静之感。它们拥有巨大的象征意涵。

对我而言，中国则是一个感官帝国。这片大地，最终而言，其感官印象丝毫不亚于它所给人的文化印象以及心智印象。中国的大街小巷，公共区域，餐馆和店铺，给人的所见、所闻、所感，都是极不相同的，不仅彼此之间互不相同，而且也迥然有别于我生命中"BC"（before China）时期所熟稔的一切。在我的生命当中，二十四岁之前的光阴，我将其称为我的"前中国"岁月。但问题在于，如何去将这种差异吸收、内化，使这种差异变得"熟稔"；在拥有这份差异之际，又如何能保有其真实性；最后，如何在我们的生活之中，既能避免上述那种双重人生，又能在两种境界之间保持某种有效的界限，而这两种境界，首先是指如何在中国生活并如何与中国打交道，其次是指如何在世界别的地方展开你的人生。

在巴黎中心地带的第五区，坐落着克吕尼博物馆（Musee de Cluny），里面收藏着一块巨型刺绣挂毯，不知何人所制，时间大致为五个世纪之前或更早，挂毯起名为《淑女与独角兽》（The Lady and the Unicorn）。该博物馆自身所在之处，原先曾经是古罗马浴场，浴场的部分建筑被保存了下来。这里，即使在最为炎热的白昼，也是凉爽宜人。一个个浴室内摆满了中世纪的雕像、壁画以及其他砖石结构，而中世纪正是该博物馆的展览主轴。虽然博物馆的收藏丰富多样，但令人瞩目的是，所有藏品都拥有共同的意象，所使用的语汇与这一时期占据主导地位的基督教世界观紧密相连，并且，这些藏品借由各种方式，创造出一整套意象体系及彼此关联的意涵。所有这些意象及意涵，几乎都渗入到克吕尼博物馆所展出的每一件艺术品或人工制品中。

然而，由挂在墙上的六块独立的毯子所构成的《淑女与独角兽》，却全然不同。其象征符号并不隶属于那些使用标准基督教语汇的符号体系。这组挂毯的主题显然和爱情与欲望相关，淑女站在其所处的环境的中央，象征着爱欲的对象，充当着某种理想的化身。显而易见，她并不仅仅是一种物质存在。那只神话传说中的动物——独角兽——神气十足地围着她腾跃，一只小猴亦是如此，还有其他许多小动物，掩映在浓密的草木丛和缤纷的背景之中。挂着毯子的展厅光线幽暗，以便保护精致的刺绣材料，而那幽暗的室内氛围令人陷入静穆。此处仿佛一片圣地，不是用来祭奠上帝或者各路神祇，而是用来静思这组挂毯所代表的一系列人间情感。典雅爱情（courtly love）是这部作品所诉求的传统，亦是其源泉所在。所谓典雅爱情，指的是一整套高贵的行为与雄心壮志，在14世纪至15世纪的文学艺术中曾一度达到巅峰。但正如这组挂毯的文字解释所表明的那样，这组挂毯的真实意涵——如果说真的存在这样一种意涵的话——全然笼罩于神秘之中。这组作品美得令人难以置信，其内涵却极其含蓄隐晦，每当我前往该博物馆参观，我时常会在它们前面静静地坐上数个小时，只为了能努力领悟它们所表达的内涵，但同时又力图让某种含义能从中浮现出来，至少，是一种对我而言有意义的内涵。

围绕着这一恢宏的杰作,从中最容易概括出来的故事,其主题涉及禁欲与感官,即人类的视觉、味觉、触觉、听觉及嗅觉。镜子、乐器、食物等,按照所被想象到的每一种感官,依次呈现于具体的作品之中。最后一幅作品描绘的是一顶帐篷,淑女款款现身于帐篷之中,上面绣刻的标题是——"致我唯一的欲望"。

倘若不是依照我在本书中所力图描绘的五大城市,而是依照人类的五大感官,那么,中国对我而言会以何种模样呈现出来呢?我忆起这个国家,忆起我在其中生活、旅行和工作的诸多经历,我所能得到的是怎样的一个世界呢?我能构建起怎样的一种中国意象呢?作为一个国度,中国存在于世界的某处,当我身临其境时,我不仅在心智上浸淫其中,而且在感官上浸淫其中,她对我的眼睛、耳朵、双手以及味蕾,无不产生着影响。如果我聚焦于这些体验,努力将它们融为一体,我在彼处所看见的世界会呈现出何种模样呢?我眼之所见,究竟是一个什么样的国度呢?

毫无疑问,中国这片大地会给人以巨大的视觉冲击。它看上去独一无二,即使从某些名胜古迹的图片中也能看出这一点,本书对其中的一些名胜古迹均有描述。长城、兵马俑、桂林山水,以及上海浦东,它们现在已成为全球性的偶像级景点,承载着中国意象,在一定程度上传播着中国的多样性和多元化。这不仅因为它们看上去令人惊艳,也因为它们的不同凡响。但对我而言，更令人印象深刻的是，中国各个地方的缤纷色彩以及自然光的变化多端。杰出的肖像画家卢西安·弗洛伊德(Lucien Freud)在被问到为何在其绘画生涯的绝大部分时间里一直以英国为驻地时，仅仅回答了一句："因为光的质量极佳。"他的回答绝非虚言，因为英国的光线，无论阴晴，都拥有一种特定的品质，既与邻近的荷兰有所不同，也与法国的北部有所不同，这两地的光线似乎永远略显单调沉闷，缺乏丰富的层次感。

在我看来，中国的光线，在呼和浩特显得蔚蓝、明亮，略带一丝荒凉，因为天空中几乎见不到几片云彩，至少在夏季的几个月中是如此。冬日里，天空会变得些许暗淡，且总是伴随着雾霾的影响。但在西安，光线会略显不同。天空的色彩显得更为暗淡，更加柔和，仿佛缘起于一种更为古老的渊源。几乎让人觉得，随着它弥漫其上，那座城市变得日益年代久远，它也已经变得年事已高。这里的光线也完全可以显得十分亮丽，但在冬天，当气温降至零摄氏度以下，就会变得十分单一，宛若挂在天空中的一盏巨灯，照耀着一地特定的景物。在上海，夜幕降临之后，光亮更多地来自周遭的建筑物，炫目的霓虹灯饰在马路对面人造结构的玻璃外立面上熠熠闪烁，全然没有自然的神韵，唯余人为斧凿之痕。在北京，最忆的是秋日的光线，那时，酷暑已然消退，去往室外已不再那么凶险。这个季节里的光，隐约予人以慰藉和宁静，在这光影中，可以呆坐在花园里享受些许的私密时辰，也可以在酒店安静的一隅，慵懒地坐着阅读，而外面的世界依旧嘈杂喧闹。只有当夜色渐浓，万物方开始渐趋沉寂。在香港，天空中的光更加变幻莫测，完全取决于头顶上高高飘浮着的大片大片的云彩，它们时而遮光蔽日，时而随着暴风骤雨的降临而乱云飞渡。有时，我会站在维多利亚港湾的临水地带，观察云彩在空中的所作所为，以及它们对光线的影响。此情此景，犹如戏剧情节般生动。当然，事物有其固有的模样，长城、紫禁城、东方明珠塔，或者香港的中国银行摩天大楼，它们都拥有特定的外形，独特的色彩，以及天际的轮廓。但它们所置身于其中的光线，那种特有的中国光线，也对它们产生着烘托的效应。在很多时候，中国大地上空的光，迥然有别于我在其他地方所见过的光。

就声音而言，情况亦然。在呼和浩特，傍晚时分保准会现身的牛奶小贩，一边拖着两大罐刚加工制作好的新鲜牛奶，一边沿街叫卖，声音响亮，在两幢大楼之间经久回荡。时至今日，我依然记得他那难忘的吆喝声。当然，同样难忘的还有上海外滩海关大楼的钟声，每到整点时分，《东方红》乐曲都会准时奏响，重复着那几个小节的音乐。但在钟声背后，有一种更为持续连贯的声响，那就是穿梭往来于黄浦江上的轮船在航行时发出的"呼呼"声，标志着当地的工业活动蒸蒸日上。如果你坐在外滩沿岸的酒店位于室外的阳台上，轮船的声音可以听得一清二楚，夹杂着下面沿江地带熙熙攘攘的人群发出的交谈声和叫喊声。在香港，也有轮船，江面上汽笛声声，还有天星轮渡结束当日营业，将最后一班渡船发往对岸时，广播里会发出嘟嘟声。但那里更多的是风的声响，大风穿过鳞次栉比的大楼，在大街小巷呼啸而过，袭击城市，不是预示着一次台风正蓄势待发，就是预示着这将是一个多风的日子。一阵阵强风会吹个不停，但基本上还是安全无虞。在西安，声音主要来自人们的歌唱，这与呼和浩特的情况大致相仿，这些歌要么是从我所路过的夜店开着的门中飘来的卡拉OK经典曲目，要么是当时民间音乐的改编曲，唱歌的人都十分起劲卖力，有时是当地的表演者，有时也可能是参加派对的人们。所有这一切都渲染着一个主题，即这块地方确实与众不同。

　　气味极易区别。大锅中沸水煮羊肉，其四溢的香味美妙无比，加入大葱之后，便成为呼和浩特宴会餐桌上最常见的一道菜品。那里的羊肉似乎可以有上千种不同的味道，有的辛辣无比，像烤羊肉，其他的则就着烈性白酒，人们大快朵颐。在城市的外围，才真正能闻到活生生的羊的气味，它们或是被关在围栏里，等待着在市场上出售，或从一片牧区转运到另一片牧区。西安则更多地弥漫着各种香料的气味，透过回民区的空气扑鼻而来，有辣椒味，有孜然味，还有各种茶叶味。茶叶的香味来自摆在街上的一袋袋待售的袋装货品，或者透过小商铺的店门飘逸而出。在北京，最令人难忘的味道便是烤鸭的香味，利群烤鸭店虽然店面不大，但经营烤鸭生意的时间是如此之久，仿佛鸭子的香味已渗入桌子、椅子以及墙上的各种木器。这家店铺，与其说是以其实际出售的食物令人流连，倒不如说是以烤鸭的香味令人陶醉。香港亦是如此，种类繁多的美味佳肴无不散发出各种诱人的味道；市场上也充斥着各种味道，因为市场里有卖肉的，有卖鱼的，也有卖蔬菜的，有些市场干脆就沿着狭窄的后街一字摆开。这里的气味无孔不入，大有一种自成一体的架势，浓郁而又无法抵挡，成为城市不可分割的一部分。出于某种原因，上海的气味大多限于酒店里的气味，有时是花卉的芳香，有时则是香水的芳香，给人以安慰感，令人心旷神怡。正是这种芳香，即刻将它们所属的空间与外界的空间区隔开来。

　　味觉永远与美食相关。在不同时期，我造访过中国，各种美食是我的最爱，成为我日常饮食的一个重要部分。在呼和浩特，饺子是我的最爱，它们既刺激我的食欲，又安慰我的胃，尤其是在派对上和朋友或某家的主人一起围着包饺子时更有热烈的气氛。在上海，鱼是我的最爱，它们可以是日式料理中的生鱼片，肉质细腻嫩滑，也可以是川菜中的水煮鱼，放很多的花椒和辣椒，又麻又辣，鱼被加工成小薄片，肉呈白色，来一碗白米饭，正好可以压一压那麻辣味。西安最负盛名的美食当推面条。但对我而言，我在当地吃过的最具地方风味的美食始终是羊肉馅饺子，回民区的餐馆里就有，蘸上点辣椒酱，顷刻之间便变得热辣起来，几乎是直接吞入肚子里。在香港，虽然当地有着众多令人惊艳的美味佳肴，也不乏某些国际性集市，但最打动我的还是在一条陡峭耸立的后街上，一家饭馆里用酱油汤煮的面条。这碗面条再度证明，虽然你吃的东西可能十分简单，但你能在一个瞬间里将不同的味道和感觉平衡到最佳状态。

至于触觉或感觉，亦即中国触摸上去会产生什么样的物理效果，我首先要说的是呼和浩特冬天寒冷刺骨的那种感觉，那种触觉犹如冰冷的手，令人刻骨铭心，唯有呼和浩特这块地方才有此等的寒冷。其次，我会忆起香港游泳池里的水，当我从上面酷暑难当的世界一头扎进池子时，会瞬间感受到水的凉爽，之后全身会慢慢适应水温。在上海，我能记得的是一阵阵风，从江面上突然地、令人惊讶地袭来，轻拂我的面颊，无论是白昼还是夜晚，当我远眺浦东，这些扑面而来的阵风总是予人丝丝凉意，令人神清气爽。在西安，触觉总是与古建筑相关，双手一边抚摸着古塔大墙的外侧，一边想象着砖石中所携带的历史记忆，以及它们取材何处。触摸这些场所，构成了与历史相连的一个个瞬间。同样地，当我漫步外滩，在汇丰银行大楼门前，抚摸那两尊带着光滑大鼻子的石雕大狮子时，也有一种与历史相连的感受。在北京，屹立在公园里的参天古树，树皮触摸上去会有一种别样的感觉。炎炎夏天，人们来到公园避暑休息，斜依着树闭目养神，扫除身心的倦乏。

人们在描述中国时，往往将其形容为历史之地，文化之地，社会之地以及政治之地。毫无疑问，中国涵盖所有这些内容。但本书所描述的，是我所知晓的一个特定的所在，一个或许只为我而存在的地方。但是,我将我的经历和盘托出,来讲述我与中国的邂逅,以证明一个全然不同的文化,其现实何以对来自一个完全不同地方的人引起共鸣并产生深远的意义。在未来的几年中,每个人都会拥有一个选择。究竟是将那些不同且陌生的事物保持在一定距离之外,将它们当作客体,对它们若即若离,还是让它们融入人们自身的内心生活,穿越层层叠叠的复杂意涵,抵达意义可能的终点。我深知,这绝非一个容易的过程,它甚至很有可能搅乱我们的一切。但正如本书所呈现的那样,这个过程也可以让我们发生改变,使我们的人生更为丰富。鉴于这一点,我将永远心存感恩,因为体验中国、领悟中国、闯荡中国赋予了我第二种人生。我所能希冀的是,未来,有许多的后来者,会沿着一条相同的、给人以丰厚回报的路途,进行他们自己有益的探索。

凯瑞·布朗
肯特,坎特伯雷
2018 年 7 月